安全を支える組織力

―組織行動学の視点から―

多業種交流 組織行動学研究会 著

KAIBUNDO

本書は著者が独自に調査して、その結果をまとめたものです。
参考文献は各章または節ごとに記載してあります。
内容に関しては万全を期して作成しましたが
万一ご不審な点や誤りなどがございましたら
発行所まで書面にてご連絡ください。

目次

はじめに

二〇〇二年一一月八日NPO失敗学会設立、同年一二月に第一回大会を開催し、畑村会長の知名度からメディアの報道するところとなり、大勢の会員が参集し、入会した。

「失敗学会」に集まった有志が、翌年の二〇〇三年に七回ほど開催された研究発表会を通じて、共通の関心事として「組織の意思決定プロセス」に注目が集まった。誰かがとくに提案したわけでもなく自然に当時頻発した事故例・不祥事例などを題材に、「組織行動のメカニズム」を研究する機運が盛り上がった。

当時のメンバーの所属分野は多彩で、正に「異業種交流」そのものであった。さまざまな視点から同一の事例を議論するには十分なメンバー構成であった。会議室を提供してくれる会員が現れて、意外に円滑に第一回の組織行動勉強会を東京・銀座で開催することができた。

その席上で、失敗学会の定款によれば「分科会」を置くことができるとの提言があり、分科会設立申請の提出が決まった。直ちに有志数名による献身的な申請準備を展開し、失敗学会事務局長を通じて理事会に提出した。

分科会設立申請は、理事会からも歓迎を受けて円滑に受理された。このような経過を経て二〇〇四年一月六日、失敗学会第一号の「組織行動分科会」が正式に発足した。このときのメンバーは一八名であったと記憶している。

設立と同時に活発な活動が始まり、事例研究が展開された。一九九九年以来それまでに発生していた大事故例の事故調査結果が公表されていたが、いま一つ必ずしもポイントを突いていないという印象が持たれていた。たとえば、JCO臨界事故、雪印食中毒事故、美浜発電所3号機配管破損事故、横浜市立大学附属病院手術患者取り違え医療事故などであった。さすがにこの頃には、ヒューマンファクターズの視点から問題点を指摘する傾向は現れ始めていたものの、その背後に潜む「組織の意思決定プロセス」に関しては、ほとんど触れられていなかった。

そこで、メンバーたちは事故分析手法に関する関心を示した。はじめに、起こった事象を正確に把握するために「M-SHELモデル」をツールとして調査する提案があった。多くの社会システムは、そこで活躍する当事者（Live ware）を中心に、それを取り囲むように Software（規程や手順書）、Hardware（設備や機材など）、Environment（環境）、そして他の Live ware（チームメイトや関係者など）、さらにそれらを取り巻く Management（組織的管理要因）などとの接点にどのような問題が潜んでいたのかを詳しく把握することから始めた。

事実関係の把握ができると、それらをヒューマンファクターズの視点から分析することによって、組織としての意思決定プロセスにどのような問題があったのかを究明しようということになった。

ところが、当時一般的に用いられていた分析手法では、求める問題点が明らかにならないことが指摘されて、新しい分析手法である「VTA（Variation Tree Analysis）」を用いようという提案があり、試行することとなった。当時中央労働災害防止協会から出版したばかりの『事故は、なぜ繰り返されるのか』という拙著に白羽の矢が立てられたのであった。

この手法を用いて、当時有名になっていた「核燃料工場における臨界事故」を詳細に分析した。その結果、事故防止のために準備されていたさまざまな防護壁が見事なほど突き破られてしまい、前代未聞の恐ろしい放射線事故となり、多くの周辺住民に避難命令が発せられる事態となったことが整理できた。このときジェームス・リーズンの「スイスチーズ・モデル」の発想を準用した。このような分析結果から、組織の意思決定過程におけるさまざまな問題点を明らかにすることができて、失敗学（畑村二〇〇〇）をベースとした新しい「組織行動学」へと一歩近づくことができた。

これは、さまざまな分野で永年にわたって実務経験を積まれた分科会員たちが広範な視点から分析作業に参画し、知恵を提供し合って実施した研究成果として、失敗学会年次大会でも発表された。メンバーの出身企業の分野は多岐にわたり、企業規模も多彩であった。「異業種交流」というキーワードをしばしば耳にするが、これはまさに「多業種交流」であった。しかも経営者や管理者としての実務経験に裏付けられた豊富な知識と感覚を駆使した議論はやがて、お茶の水大学、明治大学、江戸川大学などの公開講座を担当するところまで発展した。

研究成果を世に問うことによって、さらに奥深い研究への意欲を刺激することとなり、さまざまな視点から組織行動学に関する問題点を抽出し、その原因と背後要因を検討する機運がますます高まることとなった。

しだいに研究の視点を模索するようになり、近年ではVTA、M-SHEL、CRM（Crew Resource Management）などの分析手法や新しい訓練の発想法を用いて、対象事象を理解し分析するアプローチの手法を模索する研究に至っている。

そこで、これまでの研究の方法論ならびにその結果について、中間報告として社会に発信してご批判を乞うこととなった。しかし、NPO失敗学会組織行動分科会として発信するための議論が必ずしも進んでいないことなどの事情から、現時点で執筆に参加できる「有志」の範囲で、それぞれの研究成果を執筆することとなり、臨時に「組織行動学研究会」という執筆者グループを編成した。必ずしも論旨が首尾一貫していない場面や、個々のメンバーの研究成果を持ち寄っているだけに連続性を欠く場面も出てくることが予想されるが、現時点での研究成果をまとめて発信し、議論を広めていくことの意義を重視した。

組織行動の理想的な姿を求めて議論を展開する我々の研究に関心を寄せていただき、アドバイスをいただけたら幸甚である。

二〇一三年五月五日　　　組織行動学研究会代表　石橋　明

第1章

組織行動学の視点

二〇一一年三月一一日の東日本大震災以降、社会全般が「組織行動」の欠陥事例や良好事例にも注目するようになっている。当研究会でも未曽有の大被害をもたらしたこの災害をはじめ、毎年、後を絶たない社会的大事故や不祥事に対しても、個人行動の視点から組織行動の視点へと目を転ずる傾向となっている。

組織行動が、認知心理学の分野で指摘される単なるグループダイナミックスの理論に基づいて起こされているのではなく、多様な視点からの組織的意図を具現化するために起こされていることに注目し始めている。

「人災」と非難された津波の被害を想定した事前の災害対策や、リスクが顕在化し始めてからの危機対応策、事故に至ってからの危機管理対策などを事故後に振り返って、将来の再発防止に活かせる教訓を導出するためにも、組織行動の視点から事例研究を深めることは必要不可欠である。単なる関係者の責任追及に終始していては、一歩も前へ進めないからである。

二〇〇四年以来八年間に及ぶ組織行動に関する研究成果を基に、中間報告的に事例研究における組織行動学の視点をいくつか紹介することとする。

1 組織行動学とは

多業種交流・組織行動学研究会としては、組織行動学を以下のように考えている。組織事故および組織の失敗事例における意思決定のプロセスならびに行動様式の形成過程における影響要素を究明し、再発防止対策の構築に資するための背後要因を広範にわたって探究する研究活動を組織行動学と表記する。

組織の規模、構成員、歴史、文化、活動実績、外部との関連性、事業内容、組織図、企業理念、人事、資本、財産、設備、技術などの諸要素を正確に把握することにより、組織の事故／インシデントの背後要因を推定し、再発防止対策に活かすことが可能となる。

このため具体的事例を詳細に調査するさまざまな手法が主として用いられることになり、帰納法的な思考手続きを踏むことになる。

2 事故の捉え方の変遷

近年まで我が国では、社会全般的に事故や不祥事が発生すると、出来事の発生状況の詳細を理解する前に「誰がやったのか？　悪いのは誰か？」という犯人探しに関心が向けられて、「誰にどのように責任を取らせるのか？　どう決着させるのか？」という短絡的議論に発展する傾向にあった。

これは、我が国では犯罪行為を厳格に取り締まって、高度な治安を維持するための警察機能が発達していることに起因すると考えられる。加えてマスコミが、つねに警察や検察などの権威あるリソースからの発表をそのまま報道する（俗に言われる「大本営発表」）傾向が強いことにも起因すると言われている。その結果、社会を挙げて事故や不祥事の責任追及に注目することが習慣となってしまい、我が国独特の「犯人探しの文化」が醸成されている。

しかし近年、安全マネジメント学の進歩により、出来事の表面的事象だけを捉えるのではなく、その背後に潜む背景要因を探求してそこに改善の手を打つことの重要性が広く一般に理解されるようになっている。

社会システムのなかで個人の資質や考え方は重要な要素ではあるが、必ずしもそれだけで社会システムが動いているわけではない。個人の能力の限界をカバーするためにチームを編成し、組織を構築して、直面する課題に対応しているのが現状である。したがって、チームや組織の意思決定の結果を個人の責任に帰してしまうことには論理的に無理が生ずる。それにもかかわらず現行刑法では、処罰の対象は法人格ではなく個人である。したがって、刑法を適用して社会正義を貫くためには、「処罰すべきは誰か」に走りやすくなるのである。

しかし、事故や不祥事が発生した場合に社会正義の視点から優先的に取り組むべき課題は、関与者の処罰ではなく、同様事象の再発防止対策の構築である。表面化した事象だけを追っていたのでは、同様な事象の発生は後を絶たないであろう。同様事象の再発を効果的に防ぐ対策を構築するためには、発生原因とその背後要因を探究して、そこに改善の手を確実に打たなければならない。社会が高度にシステム化された現代では、関係者を処罰すれば他への見せしめになって抑止効果が期待できるという低レベルの取り組みでは不十分なのである。ましてや、事象の発生が故意によるものではなく、組織の意思決定プロセスなどの認知心理学上の欠陥に起因する出来事において、責任者を特定して処罰することによって、同様事象の抑止効果が期待できるとはまったく考えにくいのである。そこに新しい安全マネジメント手法の開発と適用が必要になってくる。

❸ 組織行動学の台頭

ヒューマンエラーの防止対策を考えるとき、エラーそのものだけでなくヒューマンファクターズの視点から、当該エラーを誘発したと考えられる背後要因を正確に把握して対策を練る活動が重要視されている。同様に、組織エラーについてもそのようなアプローチを必要とする。人間個人の特性や情報処理プロセスの研究と同様に、組織の持つ特性や組織の意思決定プロセスについても詳細に分析して実態を理解していかなければならない。

そこに、組織行動学を展開することの必要性が明らかになってくる（図1-1）。組織活動の最先端にいる当事者が不安全行為を行ったために、幾重にも準備された防護壁が破られて、事故や不祥事が発生する。しかし、その不安全行為は、好き好んで起こされるのではなく、その背後に現場要因が潜んでいると考えるべきである。時間不足（タイムプレッシャー）、人手不足（ハイワークロード）、手順書の不備、ずさんな雰囲気や習慣、訓練不足、不適切な工具や設備、貧弱なマンマシンインタフェース、管理監督の不行き届き（不適切なマネジメント）、状況認識の欠如、過度な権威勾配、コミュニケーション不足、やらされ感の蔓延など、例を挙げればきりがないほど多くの現場要因が考えられる。

しかし、この現場要因は自然発生的に生ずるのではなく、現場では処理できないような大きな問題によって誘発されていると考えなければならない。それが組織行動要因である。経営戦略、予算配分、人員配置、安全管理、労務管理、コンプライアンスなどに関する経営層の意思決定構造やプロセスの問題、さらにコーポレートガバナンス、安全監査などの企業文化や企業風土などによって現場要因が発生し、当事者の不安全行為を誘発していると見なければならない。

ここでさらに広い視野で不適切な組織行動の背後要因を考察すると、一企業だけの問題のみではなく、社会風土や価値観の多様化、マーケットの動向や消費者の嗜好の動向などによる組織行動への影響も無視することができない。さらに、官僚の行政指導の方向性や、政治家によ

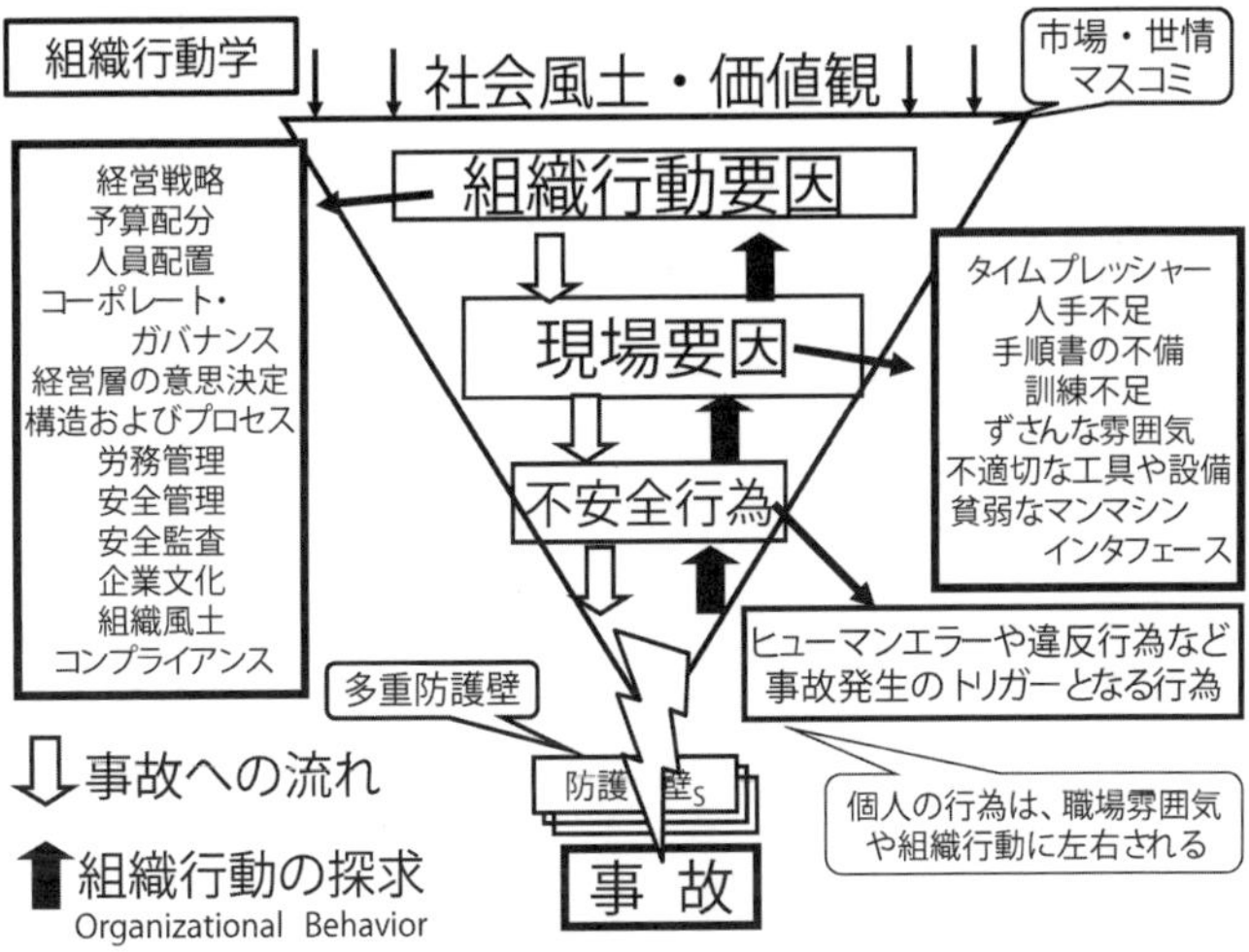

図 1-1　組織行動学の概念

る政策変更の動向、あるいはマスコミ報道による不要なプレッシャーなどによっても組織として思わぬ方向への意思決定を強いられることが考えられる。

このように組織行動学の視点から事故や不祥事を分析して、有効な再発防止対策を構築することが必要な時代に差し掛かっていると考えることが妥当である。

4 組織行動学へのアプローチ

そこで、組織行動学を現場において展開する具体的手法の開発が必要となる。事故や不祥事が起こった場合に、上位組織や監督官庁に報告するための活動に追われるのではなく、事実を正確に把握して、原因と背後要因を探究することによって効果的な再発防止対策を導く活動を展開することが強く求められている。この活動に瑕疵があると、同様事故などを繰り返し再発させることとなる。

組織行動学の分野では、まだ解明されていない組織の意思決定のメカニズムやその機能が数多く残されていて、それらを避けていては組織行動の分析・探究が進まない。したがって組織行動学を展開するためには、これまでに提唱されている事象の把握手法や分析手法などを駆使することが必要である（図1−2）。

事故や不祥事を調査して事実を正確に把握した上で、その原因ならびに背後要因を探究して、有効な再発防止対策を構築するための具体的手法について、これまでに多数の提案に注目して議論を繰り返してきた。

◆安全マネジメントサイクルの構築

図1-3は、組織行動学の視点から事故や不祥事に対応するために現場において適用可能な安全マネジメント手法を示している。現場において、事故対応の活動を具体的に展開するためのガイドラインとしての手順の流れを示している。

現代の安全マネジメント手法は、作業者個人のヒューマンファクターズ究明への取り組み成果をベースに、組織の特性や意思

組織行動学へのアプローチ

事故・不祥事を調査し、分析して再発防止を図る視点

(1) 「安全マネジメント・サイクル」の構築 (現場の取り組み)
(2) ヒューマンファクターズの視点 (基本概念の理解)
社会システムを診る「M-SHELモデルの目」
(3) 事象の科学的な分析 (人間行動に注目)
RCAを簡略化し実用化した「VTA手法の活用」
(4) 「CRM (Crew Resource Management) の心」 (チーム力)
Cockpit⇒Crew⇒Corporate (企業ぐるみの取り組みへ)
*CRM訓練対象範囲の拡大
(5) 現場力の向上と「高信頼性組織(HRO)」の構築 (組織)
(6) 「レジリエンスエンジニアリングの実装」 (活動方法論)

図1-2　組織行動学の手法

決定プロセスの解明と、より理想的な組織の意思決定手法の導出へと発展させてきている。

その手法は、事故事象の正確な把握、科学的な分析、有効な対策の構築と実践ならびに結果の評価改善などのサイクルである。各段階における具体的なアプローチの方法論を詳細に検討し、それらの手順を「見える化」して、組織全体が協力して各手順の実践に取り組んでいくことが求められている。現場で取り組むべきこの活動を「安全マネジメントサイクル」と呼称している（図1－3）。

事故や不祥事あるいは不適合事象などの発生時において、現場では起こった事実を迅速かつ正確に把握することが必須の要件である。その際、責任追及が先行すると関係者はさまざまな不安から口をつぐんでしまい、事実がわからな

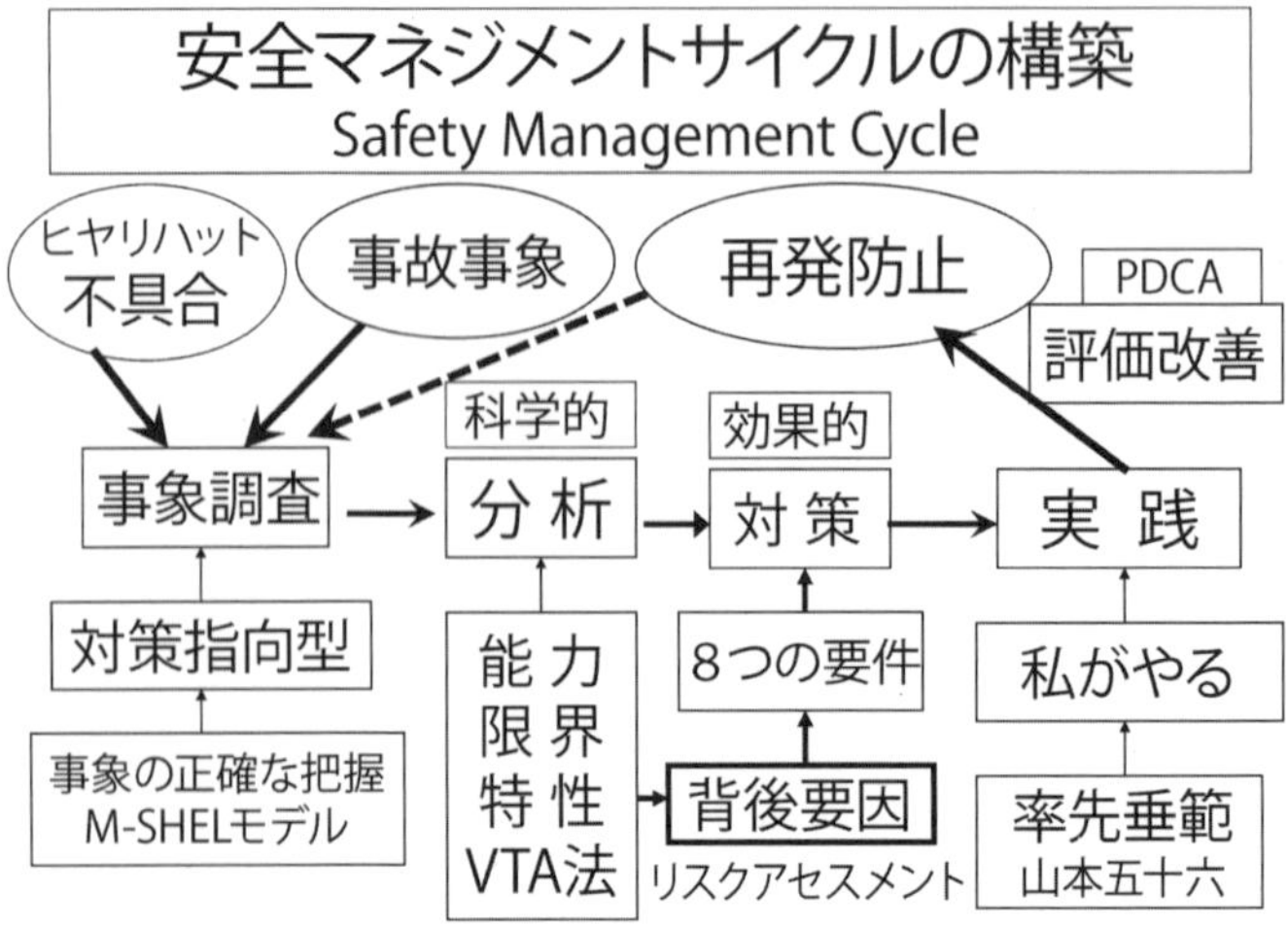

図 1-3　安全マネジメントサイクル

くなるおそれがある。責任追及は先送りとし、対策指向型に徹することが求められる。起こった事例の表面的な事象だけでなく、その背後に潜む背後要因をできるだけ多く把握することが重要である。たとえば、直接関与していた当事者について前日、前々日の行動なども詳細に思い出して語らせるなどの調査手法が、人間の能力と限界などのヒューマンファクターズの視点からの分析に有効である。

事故処理を行う場面では、このような現場の立場に立ったいわゆる三現主義（現場、現物、現実）に基づいた調査姿勢が必要である。

◆ヒューマンファクターズの視点

複雑な社会システムのなかで起こった事故事象を広い視野で見つめるために、「M-SHELモデル」がツールとして機能を発揮する（図1-4）。

中央の「L（Liveware）＝当事者」を中心に、「S（Software）＝マニュアルや規程など」、「H（Hardware）＝設備や器材」、「E（Environment）＝環境」、そしてもう一つの「L（Liveware）＝チームメイトや関係者」、それらを取り巻く「M（Management）＝マネジメント」のそれぞれの接点において何事が起こったのかを詳細に調査することによって、事象の全容を正確に把握することが可能となる。

この考え方は、いまから四〇年ほど前にエドワーズ教授（Edwards 一九七二）によって提言されたヒューマンファクターズの視点から事象を正確に把握する手法に、KLMオランダ航空のホーキンス機長が積み木状の図柄を考案したものである（Hawkins 一九八四）。さらに黒田勲教授ら（黒田一九九九）によって、マネジメント要素をLivewareから取り出して、たすき状に図示され、現在の図柄が完成した。

利用方法は、たとえばL-Hの関係では、機械の特性に人間が追いついていけない場面では、それを使いこなせるように訓練することが必要である。同時に、人間の特性に合わせた設計の変更も有効な対策となりうる。このような視点で、起こった事実を見つめるの

図 1-4　M-SHEL モデル

である。「支給された衣服に体を合わせろ！」などという無理な考え方では、マネジャーとしては失格なのである。

中心の当事者とその他のSやEなどの要素との接点においても同様な視点で事象を正確に調査することができる。このようにして、M-SHELモデルを用いて起こった事実を正確に把握することが可能となる。

事故調査を行う場面では、広い視野で事実を見つめることを基本として、起こった事実のみに目を奪われないような配慮が必要である。

◆事象の科学的な分析

事実を正確に把握できたならば、安全マネジメントサイクルの第二の段階である科学的な分析活動を実践する。あらゆる事故には人間が密接に関与しているので、人間の能力やその限界、基本的な特性などのヒューマンファクターズの視点から、起こった事実を時系列にプロットしていく実用的な手法を用いる（図1-5）。RCA（**Root Cause Analysis**、根本原因分析）の複雑さを緩和し、現場で適用可能な実用的分析手法として知られる（石橋二〇〇三）。

この分析手法はVTA（**Variation Tree Analysis**）と言い、一九八〇年代にヨーロッパで（**Liplat & Rasumussen** 一九八九）認知科学の分野から提唱された理論を、黒田勲教授ら（黒田一九九五）が実用化した手法である。事故事象に至る経過をヒューマンファクターズの視点から詳細に調査し、事故事象を図面の上部に置き、当事者やチームメイトなどの軸を立てて、通常から逸脱した行為や判断を起こった順にプロットする方式である。プロットする行動などを「ノード（変動要因）」と呼び、小さな枠のなかに簡潔に記述する。簡潔に記述した結果、その行動の内容がわからなくなる可能性があるので、ノードの下部に番号を付して、右欄外の説明欄に呼び出して詳しく説明を加える。

ノードには起こった事実のみを記入し、推定事項や疑問点などは説明欄で扱う。VTAの基本は、「すべて通常どおりに運んでいれば事故は起こらない」ということを前提としている。

通常から逸脱した行動や判断を軸ごとにプロ

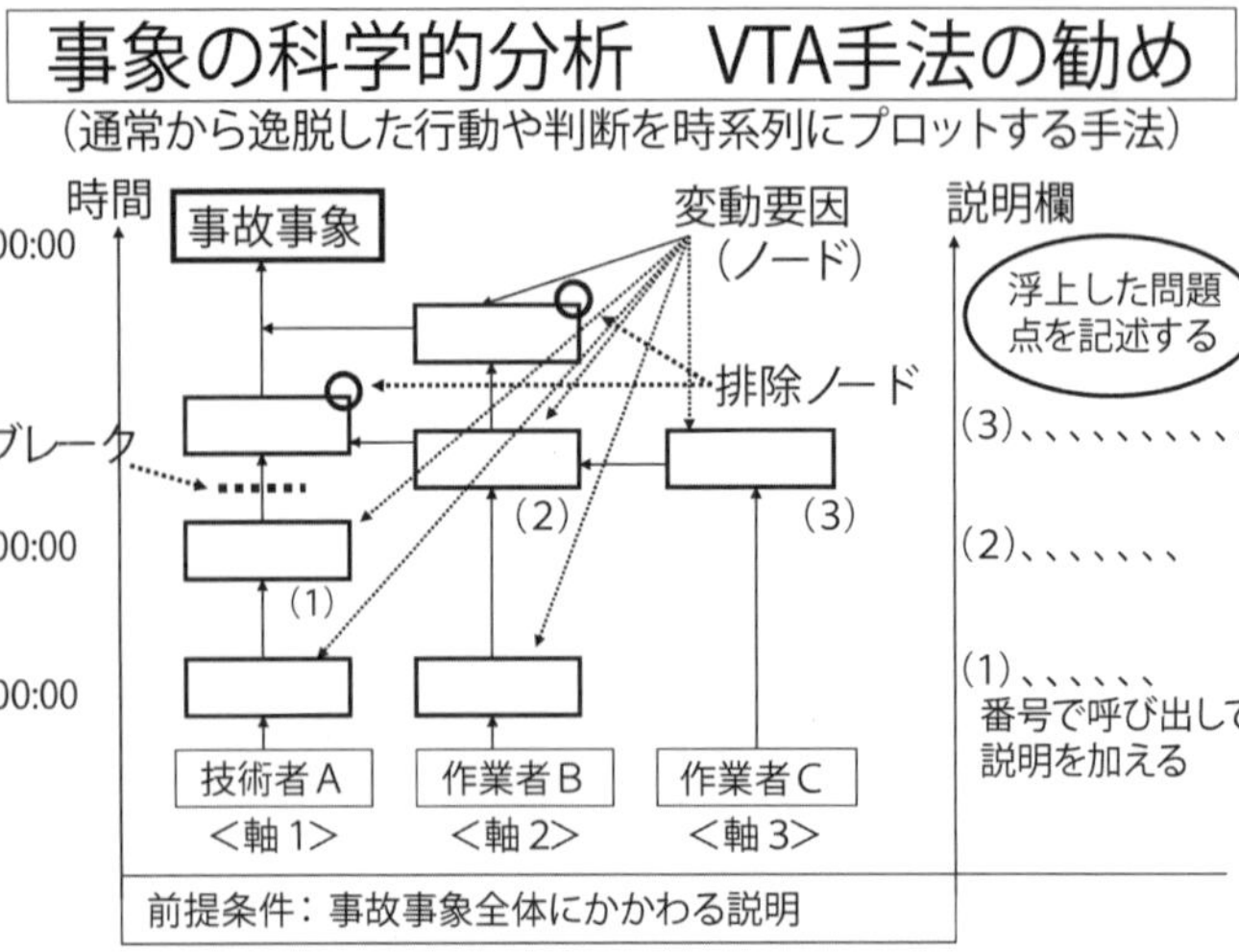

図 1-5　VTA（Variation Tree Analysis）

ットしていくと、これがなかったならば事故にならなかったというノードが数件現れる。これらの右肩に○印を付して「排除ノード」と呼称する。さらに、こうしたからといって何も次のノードのようにしなくてもよかったのではないか、つまりノード間の関係を断ち切っていれば事故にならなかった、というところに横に点線を引いて「ブレーク」と呼称する。これらが紛れもなくこの事象の問題点なのである。

これらを「なぜなぜ分析」に掛けてさらに深く検討することも意義があるし、潜在リスクと見なしてリスクアセスメントを行うこともまた有効である。そのリスクはどの程度の頻度で発生するのか、もし事故になったらどの程度の被害をもたらすのかを検討して、リスクレベルを見積もるのである。言うまでもなく、リスクレベルの程度によって対策の優先度を決めることに役立つ。

M-SHELモデルによる整理

	M	L-S	L-H	L-E	L-L	L
原因	加齢者安全運転に対する管理の不行き届き	本件に関する手順書の不備	高所作業時の安全帯の不備	作業場の整理整頓の不備	作業中の連絡が不適切	作業安全に関する知識が欠如
対策	加齢者安全運転講習会の開催	本件に関するきめ細かい手順書の作成	堅固な安全帯の購入ならびに配備	職場全体に５Ｓ運動の導入と徹底	ＣＲＭ訓練のコミュニケーションスキルの訓練実施	作業安全教育の繰り返し実施

図 1-6　原因と対策の整理手法

このような分析結果から有効な対策を導き出そうとするとき、まず原因と背後要因を明らかに整理することが必要となる。M-SHELモデルの要素ごとに原因と背後要因を整理するのである。それらに対する効果的な対策を個別に検討することによって具体的な対策を導き出すことが可能となる（図1-6）。

事故の再発防止対策は、現場から受け入れられなければ成り立たない。現場から受け入れられるための八つの要件は、確実性（確実に再発が防げる）、的中性（原因に的中している）、具体性（何をどうするかが具体的に述べられている）、普及性（どこの現場にも普及できる）、実施可能性（物理的にもタイミング的にも実施可能）、永続性（長続きする）、整合性（法律や規則に整合している）、経済性（費用対効果の視点から頷ける）などである（石橋二〇〇三）。

事故調査の結果として打ち出す再発防止の対策は、美辞麗句を並べるのではなく、このように実践する現場の立場に立って構築されなければならない。

◆CRM（Crew Resource Management）の心（チーム力の強化）

これまで、一般的に現場力を高めるには、メンバー個々の資質を高めることに主眼が置かれてきた。個人の技術的訓練に重点が置かれて、資格を取得させ維持させる訓練が行われてきた。しかし、多くの生産活動はチーム単位で行われているため、技術訓練に加えて「ノンテクニカル訓練」による現場力向上の必要性が航空分野で認識されるようになった。その考え方を基本にして構築されたのが「CRM」訓練である。安全運航を行うために、利用可能なあらゆるリソース（必要な情報やメンバーの意見、機材から得られるデータ、利用可能な時間など）を有効に活用して、最適な意思決定を行うための方法論である。永年蓄積してきた知識や技術だけに依存するのではなく、現時点における利用可能なあらゆる情報や資源を現場において有効に活用するという発想である。

CRMを実践するためには、コミュニケーションスキルを応用して正確な情報を収集し、それに基づく状況認識を適切に維持して、適切なプロセスを踏んで理想的な意思決定を行うという考え方である。この方法論を実践することに加えて、良好なチームワークを構築し、メンバーに適切な役割分担を行って、チームとしての業務遂行能力を最大限に発揮させることを目指している。

この発想法は航空機の操縦室だけに有効なのではなく、あらゆる組織活動に共通する。航空分野でも、当初は「Cockpit Resource Management」と呼称されたが、いまでは「Crew Resource Management」と対象が拡大され、さらには「Corporate Resource Management」すなわち企業ぐるみの手法へと発展しつつある。

この基本的なコンセプトは、図1－7のとおりで、「気付きの文化」とも言われている。人間の行動様式は個人の性格と意識によって決まると言われているが、個人の性格は永年掛けて培われたもので、簡単に変えることはできない。しかし、意識は変革することができる。意識を変革させるのがCRMの心なのである。CRMスキルの大切さを講義して、その内容に関して受講者にグループディスカッションを通じて気付かせるのである。その気付きを意識して行動を起こせば、より安全な行動につながるというコンセプトである。

これは「イノベーション（Innovation、自己変革）プロセス理論」に合致する。

「知識の変革」では、事実を知っただけでは不十分であるので、その価値に気付くことが求められる。次に大切なのが「意識の変革」であって、それを自分のこととして受け止め、自分にも「できる」と考える。できると思ったならば「やる気になる」ことが求められる。そして「行動の変革」へ進み、それを実践する。その結果を振り返って、必要に

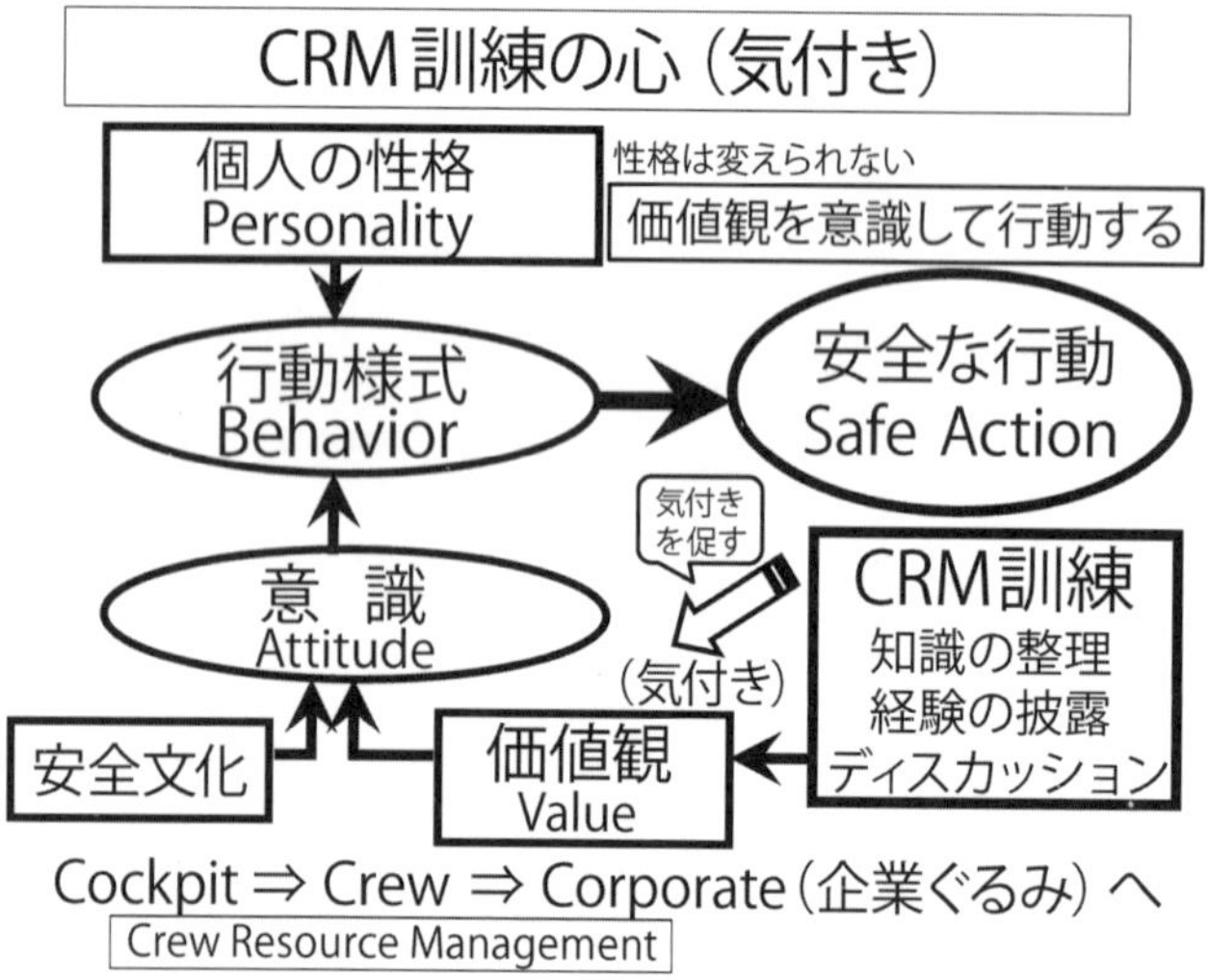

図 1-7　CRM の基本的コンセプト

応じて改善を図るのである。この段階では、各メンバーの自己変革を統合して「チームの変革」が実現されるという理論である。CRMはこのような考え方も内包している。事故や不祥事を調査し、再発防止対策を構築する場面で、十分に理解しておいて適用したい視点である。

◆現場力の向上と「高信頼性組織（HRO）」の構築（組織の信頼性）

組織行動学は、事故や不祥事を回避できるレジリエントな組織を構築することを目指している。図1-8のようにヒューマンファクターズの基本概念を十分に理解した上で、組織の末端まで浸透させて堅固な土台を構築して、その上に具体的な現場力向上の仕組みを立ち上げていくことが第一である。それらを繰り返し訓練することによって、

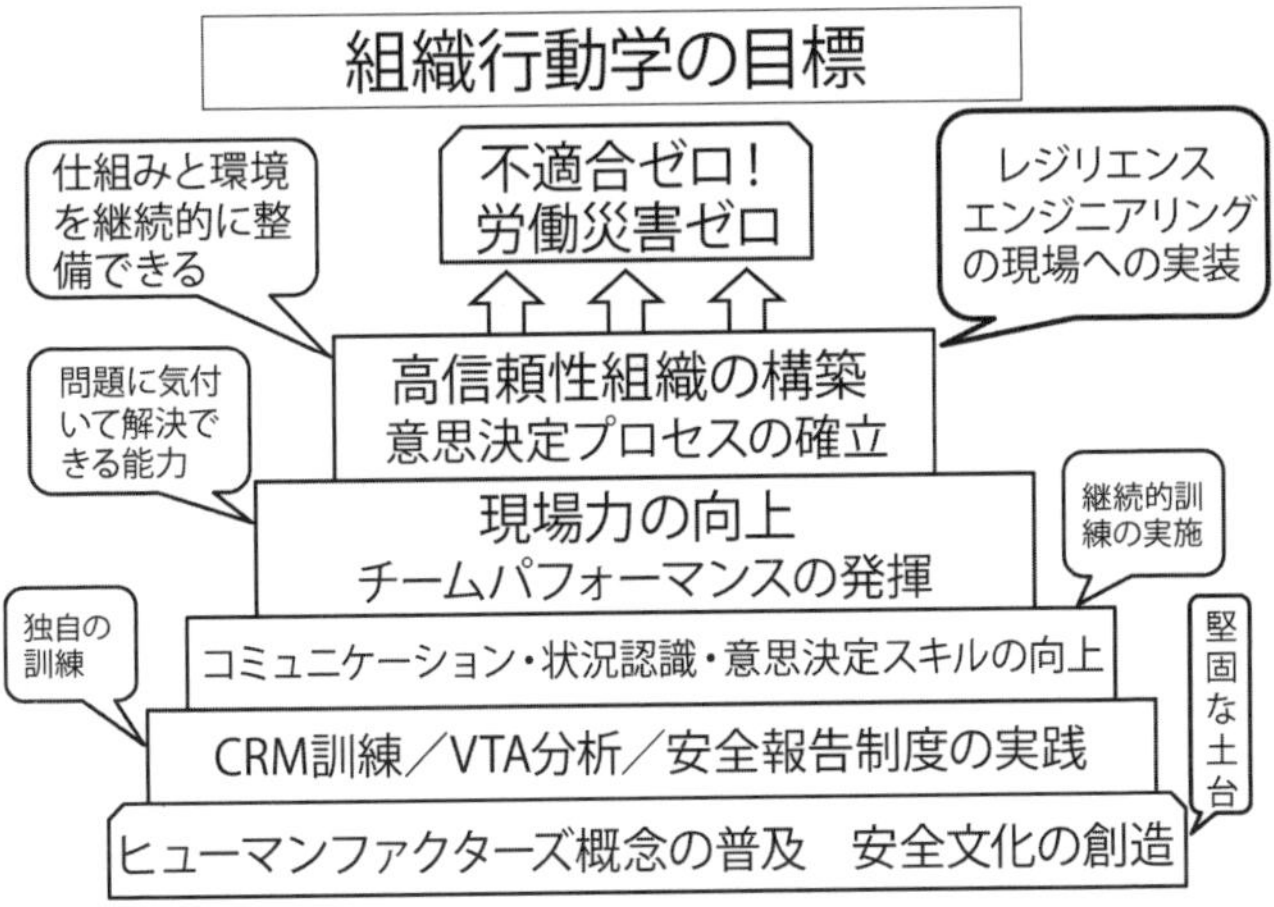

図1-8　組織行動学の目指すところ

コミュニケーションスキルや状況認識スキルなどのCRMスキルが体得されて、チーム能力をいかんなく発揮することを可能にする。つまり現場力が向上するのである。そこで油断してしまうと直ぐに退化してしまうおそれがあるので、その仕組みと環境を継続的に整備していくことが大切である。そのためにはレジリエンスエンジニアリング論を現場へ実装することが必要である。それを成し遂げる組織が「高信頼性組織（High Reliability Organization）」として社会やクライアントから信頼され尊敬されることとなる。高信頼性組織とは、「惨事となりかねない事態にしばしば直面しながらも、その事態を初期段階で感知し、未然に危難を防ぐ仕組みを体系的に備えた組織」をいう（Roberts 一九九〇、西本直人二〇〇五）。

高信頼性組織の特徴として、過去の経験から学ぶ、単純化へ走らない、現場の重視、復元能力を高める、専門知識の尊重などが挙げられている（中西二〇〇三）。

事故や不祥事を分析し、対策を練るときには、このような視点から組織行動の理想像を描いた上で、効果的で実施可能な提言を導出してほしいものである。

◆レジリエンスエンジニアリングの実装（活動方法論）

これまでの事例分析や事故調査では、結果からさかのぼって後知恵的に「ああすればよかった」「こうすべきだった」と一方的に猛反省する傾向が強かった。当事者がそのような反省をするのであればまだ救われるが、冷静なはずの第三者が欠点探しをして立派な提言をしたとご満悦、そんな光景にはいささか失望する。

最近、ヨーロッパでE・ホルナゲル教授を中心に多くの学者が集まってレジリエンスエンジニアリング（Resilience Engineering）論が提唱されている。これは過去の失敗と成功事例の双方から教訓を学び、将来に向けてポジティブに活かす発想法である（Hollnagel 二〇〇六）。

たとえば、全エンジンが停止した旅客機をニューヨークのハドソン川に不時着水させて乗員乗客全員を無事生還させたサレンバーガー機長の快挙や、東日本大震災の津波被害から小中学生三〇〇〇人を無事に避難させた釜石の奇跡といわれる快挙などは、

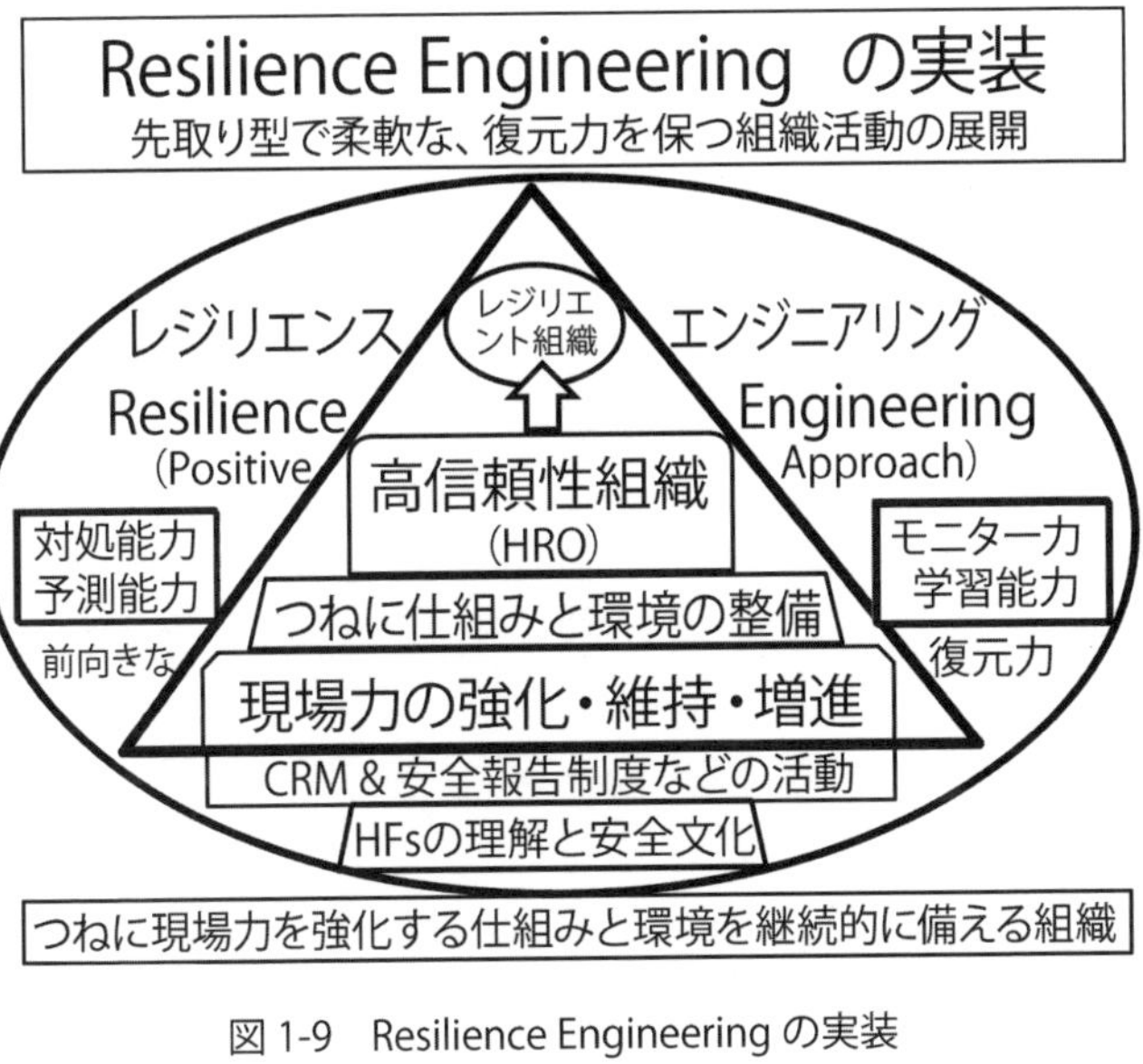

図 1-9　Resilience Engineering の実装

いずれもレジリエントな現場力の事例として高く評価されている。

レジリエントな現場の特徴として、事態に対する対処能力、事態の推移をモニターする能力、先を予測する能力、失敗と成功の双方から学習する能力を備えていることなどが挙げられている。高信頼性組織は信頼されるだけでなく、危険が顕在化したときに臨機応変に判断し行動して事故を回避する能力を発揮できることが求められているのである（図1‐9）。

古典的意思決定理論ではなく、環境条件の変化を読み取ってタイムリーに最適な意思決定を行う「Naturalistic Decision Making 理論」（Gary Klein & Caroline E. Zsambok 一九九七）に基づいた意思決定を可能にする新しい安全マネジメント理論である。

このような知見に基づいて、事故や不祥事の調査ならびに再発防止対策を検討していくことが望まれる。

5 結論

複数大学の公開講座などで解説し、これまでの研究会活動で取り上げ、議論してきた事故事例の研究における組織行動学の視点として、具体的な事実の探究手法や事象分析手法について紹介してきた。

事故災害や不祥事が起こる経緯を調査し、再発防止の対策を練る活動場面では、ぜひとも念頭に置いておきたい安全マネジメント手法である。まったく異なった専門的知識に依存して調査活動が展開されるとしたら、結論は当然的外れとなり、現場からはとても受け入れることのできない対策が提案されることになりかねない。事故調査の分野には、独特の目的と調査技術が長い間の経験から蓄積されている。しかも、最近では、ここまで述べてきたような組織行動学の視点から調査を行うことが求められている。

事故調査の真の目的を達成するためにも、調査過程で効果的・効率的に適切な手法を適用するためにも、当研究会の考え方を世に発信して普及を図りたいところである。

以下、本書では、具体的事故や不祥事を再発防止の視点から分析するために、このような手法を用いて検討を進めた経過について、報告する。

第２章では、具体的事例分析に当たって、研究会内で共有化に努めてきた基本的発想法について紹介することとする。

〈参考文献〉

畑村洋太郎『失敗学のすすめ』講談社（二〇〇〇）

石橋明『事故は、なぜ繰り返されるのか』中央労働災害防止協会（二〇〇三、二〇〇六）

Roberts “High Reliability Organization”（一九九〇）

西本直人「HRO研究の現状と課題」（二〇〇五）

中西晶『高信頼性組織の条件』生産性出版（二〇〇七）

E. Edwards “Man and Machine for Flight”（一九七二）

H. F. Hawkins “Human Factors In The Flight” Gower Technical Press（一九八七）

黒田勲監修・石川好美監訳『ヒューマン・ファクター』成山堂書店（一九九二）

黒田勲『ヒューマンファクター』中央労働災害防止協会（二〇〇〇）「安全と健康」第五一巻第一号付録

黒田勲『「信じられないミス」はなぜ起こる』中災防新書（二〇〇一）

J. Leplat & J. Rasmussen “Analysis of Human Errors in Industrial Incidents and Accidents for improving Work Safety: New Technology and Human Errors” John Wiley & Sons（一九八七）

石橋明『リスクゼロを実現するリーダー学』自由國民社（二〇〇三）

石橋明「航空分野における安全マネジメント手法の他産業分野への応用に関する研究」東北大学大学院工学研究科博士論文（二〇一〇）

J. Reason “Managing the Risks of Organizational Accidents” Ashgate（一九九七）

第2章

社会的出来事と組織の意思決定

最近の事故・不祥事事例を列挙してみると、個人のミスや不誠実が根本原因ではなく、当該組織全体が経年による社会の価値観、社会風土・環境の変化に対応していなかった結果、実務環境と当該組織の運営環境とのギャップによるヒューマンエラーの誘発や、当該業務を達成するためにやむをえず担当者が不安全行為または違反行為に駆られ、それがトリガーとなり顕在化したと思われるものもある。この不安全行為などを起こす原因としては、現場における人手不足、人間関係の不信感、タイムプレッシャー、ずさんな雰囲気、マニュアルの不備、実務環境から乖離したマニュアル、マニュアルの変更管理不足、不適切な設備や工具、貧弱なマンマシンインタフェースなどがあり、個人の力だけでは解決できない。組織の力に頼らなければならない事柄を解決しない限り不安全行為などを完全に防ぐことはできない。

不安全行為などを起こさない組織を構築するには、組織の力を十分に発揮できる組織体系を構築することが重要である。この構築にはトップの積極的なリーダーシップが必要であり、そのトップの判断材料を提供するのは変化の激しい社会環境・価値観を適切に捉えて提言するスタッフである。そのスタッフには、総合的な知見による提言材料や資料の作成などが求められる。

① 経済性管理＝事業企画と事業計画、品質管理、工程管理、原価管理、設備管理、計画管理の数値的解析

② 人的資源管理＝人の行動と組織、労働関係法と労務管理、人的資源管理、人的資源開発

③　情報管理＝通常業務における情報管理、緊急時の情報管理、ネットワーク社会における情報管理、情報ネットワーク、情報セキュリティ

④　安全管理＝リスク管理、労働安全衛生管理、未然防止活動、技術・危機管理、システム安全工学手法

⑤　社会環境管理＝環境と社会システム、環境関連法と制度、環境経済評価、環境アセスメント、ライフサイクル・アセスメント、組織の環境管理活動と環境アカウンタビリティ

この五つの総合的監理が求められる。これらの管理同士は互いに二律背反、トレードオフの関係にある。これらの各管理状況を組織全体として俯瞰的に見ることができなければそのスタッフにはなりえない。決して自己の利益（社内評価、昇進など）のみを考えるスタッフ人材であってはならない。

組織においては、往々にして内部の情報やその業界の情報のみの狭い範囲に留まることにより、外部環境から隔たり、外部からは異常であるとわかる現象も見えなくなるものである。そのような組織では、小さな事故・不祥事が日常茶飯事に起きていても問題意識が薄れ、どこでもやっている事だからというような意識が芽生え、見つからなければよいという隠ぺいしがちな組織になる。その小さな事故・不祥事が組織・会社の存在を揺るがせる大事故・大不祥事につながるのである。ハインリッヒの法則「(三〇〇＝問題にならない小さな事象)・(二九＝問題になる事象)・(一＝重篤

な事象）」からも、問題にならない小さな事象の水平展開が必要と言えるだろう。

1 事故と事件、不祥事の違い

事故は予期していなかった悪い出来事であり、故意に損害を起こす事件とは区別される。また、不祥事は社会的立場を持つ個人、組織、団体が引き起こした社会的信頼を損なう行為である。

◆最近の事故

一九八七年　日航ジャンボ墜落事故（運輸）
一九九一年　信楽高原鉄道事故（運輸）
一九九五年　動燃もんじゅナトリウム漏れ事故（原子力）
　　　　　　兵庫県南部地震・阪神淡路大震災
一九九六年　北海道豊浜トンネル崩落死亡事故（建設）
一九九七年　動燃再処理施設アスファルト固化施設火災爆発事故（原子力）
一九九九年　ＪＣＯ臨界事故（原子力）

二〇〇〇年　横浜市立大学附属病院患者取り違え事故（医療）
雪印乳業食中毒事故（食品）
二〇〇一年　営団日比谷線中目黒駅構内列車脱線衝突事故（運輸）
BSE（牛海綿状脳症・狂牛病）国内牛発生（食品）
国立大学入学試験過誤事故（教育）
二〇〇二年　ダイヤモンドプリンセス号火災事故（運輸）
旭化成延岡レオナ工場火災事故（化学プラント）
みずほHD金融システム混乱事故（情報）
SARS（重症急性呼吸器症候群）患者来日事故（医療）
日向市第三セクター「お舟出の湯」レジオネラ菌集団感染七人死亡事故（娯楽）
二〇〇三年　航空管制システムのダウン事故（運輸・情報）
ブリヂストン栃木工場火災事故（化学プラント）
二〇〇四年　関西電力美浜原発三号機冷却水配管破損事故（原子力）
六本木ヒルズ回転ドア挟まれ小児死亡事故（建設）
鳥インフルエンザ全国大流行（食品）
新潟県中越地震（原子力・運輸）

二〇〇五年　東武伊勢崎線竹ノ塚駅踏切死傷事故（運輸）
アスベスト被害、製造工場等公表（建築・機械関連）
JR西日本福知山線脱線転覆事故（運輸）
二〇〇六年　シンドラーエレベータ港区営アパート挟まれ死亡事故（建築）
ふじみ野市市営プール吸水口吸い込まれ女児死亡事故（娯楽）
クレーン船高圧送電線接触首都圏大停電事故（運輸）
パロマ湯沸かし器一酸化炭素死亡事故（家電）
二〇〇七年　エキスポランド、ジェットコースター脱線死亡事故（娯楽）
渋谷松濤温泉シエスパ天然ガス爆発死亡事故（娯楽）
二〇〇八年　東京都下水道局雑司ヶ谷下水管工事溺死事故（建設）
リーマン・ブラザーズ破綻、世界経済減速（金融）
二〇〇九年　新型インフルエンザ大流行（医療）
二〇一〇年　宮崎県口蹄疫大流行（食品）
二〇一一年　東北地方太平洋沖地震に伴う東京電力福島第一原子力発電所事故（原子力）
東京ドームジェットコースター転落死亡事故（娯楽）
JR北海道石勝線脱線火災事故（運輸）

二〇一一年　焼肉酒家えびすユッケ食中毒事故（食品）
日本触媒姫路工場爆発火災消防士死亡事故（プラント）
ファーストサーバ、クラウド大規模データ消失事故（情報）
関越高速道路ツアーバス居眠り運転死亡事故（運輸）
八箇峠トンネル建設現場ガス爆発死亡事故（建設）
浅漬け食中毒O157大腸菌死亡事故（食品）
シンドラーエレベータ金沢市内ホテル挟まれ死亡事故（建築）
中央高速道路笹子トンネル天井崩落事故（建設）
日南市私立病院ノロウイルス集団感染六人死亡事故（医療）

◆**最近の不祥事・事件**

二〇〇一年　東京女子医大心臓手術ミス隠ぺい事件（医療）
ハンナン牛肉偽装（BSE補助金）事件（食品）
二〇〇二年　雪印食品牛肉偽装（BSE補助金）事件（食品）
ミートホープ偽装ひき肉事件（食品）
日本ハム牛肉偽装（輸入肉国産）事件（食品）

協和香料化学無認可原料使用事件（食品）
三井物産排ガス除去装置データ偽装事件（運輸）
東京電力保全データ捏造事件（プラント）
ダスキン株主代表訴訟（法定外添加物使用）事件（食品）
二〇〇四年　三菱自動車工業欠陥車リコール隠し事件（運輸）
橋梁官製談合事件（建設）
ヤクルト株主代表訴訟（金融派生商品取引）事件（食品）
トヨタ自動車リコール放置問題事件（運輸）
伊藤ハム不正輸入豚肉混入事件（食品）
二〇〇五年　姉歯耐震構造計算偽装事件（建設）
カネボウ巨額粉飾決算事件（経済）
二〇〇六年　不二家食品偽装事件、消費期限切れ牛乳使用（食品）
二〇〇七年　中国製冷凍餃子農薬混入事件（食品）
赤福製造日偽装事件（食品）
石屋製菓「白い恋人」賞味期限偽装事件（食品）
比内鶏（ひないどり）「比内地鶏（ひないじどり）」偽装事件

船場吉兆事件、賞味期限切れ、産地偽装、無許可酒製造販売、食べ残し再提供（食品）

二〇〇八年　三笠フーズ汚染米転売事件（食品）

魚秀うなぎ産地偽装（中国産を国産）事件（食品）

丸明飛騨牛（等級産地）偽装事件（食品）

二〇一一年　オリンパス巨額損失隠し（金融）

大王製紙会長巨額不正融資事件（経済）

二〇一二年　福島産米、米卸業者「橋本商事」産地偽装事件（食品）

事故に関しては、運輸、化学プラント、建設などで物理的な問題に起因した経年劣化の顕在化であるものが多い。また、小さな事故報告の水平展開やヒヤリ・ハットの発信が行われにくい風土から大事故に発展することが多い。日ごろからの教育、とくにマニュアル整備、マニュアルの変更管理教育などや技術継承教育、劣化診断教育、また異常時に自分で対応処置判断できる能力が不可欠である。そのような対応処置をできるようにする組織的な教育活動への経営資源の分配がなにより重要となる。

経営者が自ら率先して、教育に経営資源を掛ける取り組みをしなければ事故はなくならない。そして、もし事故が起きた場合には、だれが悪かったかの犯人探し調査ではなく、たまたまそのときに担当していたのが誰であっても事故は起こりうるのだとの考え方から事故原因の調査を行う。根本原因を追究し、何の背後要因で起こったか、またこのような対応がなければ事故は起こらなかったと、再発防止策の考え方から事故調査分析を進めなければならない。事故の再発防止策のための分析方法は第1章でも紹介したVTA（Variation Tree Analysis、時間軸に沿って通常から逸脱した行動や判断を分析して再発防止策を導く手法）が参考になる。

不祥事は食品関係に多く見られる。自己（当該組織）の利益を重視し、賞味期限の改竄や産地偽装などは見つからなければ、実際に食中毒事故などは起こらず、営業停止処分などの大きな損害も起きないだろうとの考え方が芽生える土壌から発生している。とくに不祥事を起こしている食品関係は同族経営者企業が多く、経営者自らが利益確保を優先する場合と、社員が見せかけの利益確保を手柄として経営層に認めさせたいなどの理由によるものがある。経営者層や責任者の指示であれば、従業員も従わざるをえない状況に追い込まれるだろう。社内で問題提起をすれば、提起者自身の身分も保証されなくなり、問題とはわかっていながら保身の行動をとらざるをえない状況となる。事例では、赤福製造日偽装事件、石屋製菓賞味期限偽装事件などで、発生後、個包装品に賞味期限を印字するなどの再発防止策が取られた。また、船場吉兆事件やミートホープ事件、三笠フーズ汚染米転売事件、魚秀うなぎ産地偽装事件などは自己の利益確保に走った不祥事である。これらの不祥事の顕在化は従業員からの内部告発による場合が多く見られる。経営者や責任者自らが、より一層の高い倫理観を持たなければならない。

時期的に見ると、食品関係は二〇〇一年頃のBSE（狂牛病）発症に伴う補助金目当ての産地偽装、二〇〇七年頃の賞味期限改竄が目立つ。これらはほとんどが内部告発によるものである。従業員の「不正は認めないぞ」という倫理観により、組織内のどうにもならない状況が顕在化したものといえる。二〇〇八年頃には、ウナギ稚魚の高騰に伴うウナギ産地偽装などが顕在化してきている。

プラントなどのデータ改竄は、無理な工程・予算・仕様への対応手段として発生する。監督者が適正な工程・予算・仕様の判断ができなければデータ改竄を防ぐことは難しく、常日頃からの実務担当者と管理監督者、営業担当者、経営者の意思疎通が重要である。事例としては、東京電力保全データ捏造、三井物産ディーゼルエンジン排ガス除去装置データ偽装事件などが該当する。

経営層の強力な利益確保要求などは、原価の付け替え、先延ばしなどの不祥事を発生させる。事例としては、オリンパス巨額損失隠しなどがあげられる。

また、「赤信号みんなで渡れば怖くない」という発想で、倫理観、問題意識が麻痺した集団浅慮事例としては、業界ぐるみで利益確保などに走った、橋梁官製談合事件などがあげられる。

❷ 物事の意思決定

過去の事故、不祥事は意思決定プロセスに起因するところが多々ある。

目先の利益や自己の出世のために、上層部へ良いことだけを報告し、上層部の喜ぶ良いとこ取りのデータを開示していては、適正な意思決定のための正確な判断材料にはならない。多角的な見地からのデータによる判断が求められるのである。また、多数派の意見に同調するのが人間の心理であり、組織の雰囲気（その場の空気）で思考は変わってしまうものである。意思決定を行う者は、少数派の意見が出やすい雰囲気づくりとともに、日頃から自分の意見に過度に同調する者の意見についてては多方面から改めて確認する必要がある。また、意思決定する者同士が仲良しクラブになってしまうことを避けなければならない。そのためには、部外者の意見を取り入れる仕組み、監査が必要となる。もちろん監査人は倫理観に則った対応者でなければならない。

多くの不祥事や事故は、意思決定者の権限があまりにも強いために、問題意識を持ちながらも従業員が従わざるをえない状況に置かれて起こっている。事例としては、カネボウ巨額粉飾決算、オリンパス巨額損失隠し、大王製紙会長巨額不正融資事件などがそれに該当する。

3 津波と原発事故

メディアなどからの強烈な圧力（イデオロギーなど）により、いつの間にか安全でなければならないという安全神話が最優先され、安全対策の検討ができない状況に置かれたケースもある。

東京電力福島原子力発電所に関して事故当時の組織の在り方を見てみると、将来、全電源喪失になりうる可能性の指摘があったにもかかわらず、意思決定プロセスにおいてその対策事項が先延ばしになったという、運営側と規制側とのなれ合い状況が、事故報告書の内容から伺える。結果的に、それぞれの組織の判断による対策の意図的な先送り、不作為、あるいは自己の組織に都合の良い判断に則った結果、未曾有の事故を引き起こすこととなった。

東京電力福島原子力発電所の事故に関しては、政府ならびに国会、民間、東京電力の膨大な調査報告書が出されている。そのなかから政府・国会の報告書の一部をここで紹介する。

◆政府　東京電力福島原子力発電所における事故調査・検証委員会　報告書

（畑村委員長　最終報告書　所感より抜粋）

（1）あり得ることは起こる。あり得ないということも起きる。

（2）見たくないものは見えない。見たいものが見える。
（3）可能な限りの想定と十分な準備をする。
（4）形を作っただけでは機能しない。仕組みは作れるが、目的は共有されない。
（5）全ては変わるのであり、変化に柔軟に対応する。
（6）危険の存在を認め、危険に正対して議論できる文化を作る。
（7）自分の目で見て自分の頭で考え、判断・行動することが重要であることを認識し、そのような能力を涵養することが重要。

＊国会事故調が事故を「人災」としたことについて、他の要因を考えなくなる危険性があると指摘。

◆国会　東京電力福島原子力発電所事故調査委員会　報告書

（黒川委員長　ダイジェスト版より抜粋）

事故の根本原因は、東北地方太平洋沖地震が発生した二〇一一年三月一一日以前に求められる。福島第一原発は、地震にも津波にも耐えられる保証がない、脆弱な状況であったと推定される。地震・津波による被災の可能性、自然現象に起因するシビアアクシデント（過酷事故）への対策、大量放射能の放出が考えられる場合の住民の安全保護など、東京電力及び規制当局である内閣府原子力安全委員会、経済産業省原子力・安全保安院また原子力推進行政当局である経済産業省が、それまでに当然備えて、実施すべきことをしていなかった。二〇〇六年に耐震基準について安全委員会が旧指針を改定し、新指針として保安院が全国の原子力事業者に対し耐震安全性評価「耐震バックチェック」の実施を求めた最終報告の期限を東京電力は二〇〇九年と届けたが進められず二〇一六年に先送りされた。二〇〇六年には敷地高さを超える津波が来た場合に全電源喪失に至ること、炉心損傷に至る危険があることは、経済産業省原子力・安全保安院と東京電力の間で認識が共有されていた。経済産業省原子力・安全保安院は、東京電力が対応を先延ばししていることを承知していたが、明確な指示を行わなかった。規制を導入する際に、規制当局が事業者にその意向を確認していた。安全委員会は、一九九三年、全電源喪失の発生の確率が低く全電源喪失に対する耐久性は十分あるとし、全電源喪失を考慮する必要はないとの立場をとってきた、電源喪失の可能性は考えなくてもよいとの理由を事業者に作文させていた。深層防護（原子力施設の安全対策を多段に考える考え方。国際原子力機関では、五層まで考慮される）について日本では三層までしか対応できていないことを認識しながら、黙認してきた。今回の事故はこれまでに何回もの対策を打つ機会があったにもかかわらず、歴代の規制当局及び東京電力経営陣が、それぞれ意図的な先送り、不作為、あるいは自己の組織に都合の良い判断を行うことによって、安全対策が取られないまま三月一一日を迎えたことで発生したものであった。

以上報告書の内容から、事故そのものは東北地方太平洋沖地震という自然災害の物理的要因から顕在化したが、そこに至るまでの対応に関しては組織行動に対する意思決定プロセスが適正に機能していなかったことに起因したものと考えられる。

この事故に関しては、いろいろな形で報道されている。人は報道された、あるいは活字になった情報を信頼しがちだが、報道するのも人間であり、活字にするのも人間である。人間は間違いを起こすのが当たりまえと考えて、活字を読むことも大事である。新聞記事の場合、大々的に報道された内容について、後日小さなお詫び記事を目にすることも多々ある。また記事そのものが編集者の意向を表した内容になっていることも注視しなければならない。同じような考えの学者らを集めた論文やシンポジウムに関する記事、インパクトのある物語性が形成された記事などを見抜く力を持って情報を入手しなければ、適正な組織運営の判断材料とはならない。

今回の原発事故を契機に再生可能エネルギーの要求がなされ、補助金により多大なメガワット太陽光発電施設が建設されている。補助金は個人や企業からの税金で成り立っているものである。二〇二〇年にCO2排出量を一九九〇年基準マイナス二五%とすると世界に約束したのを実行するために、本当に再生可能エネルギーと化石燃料（LNGなど）で可能なのか。原発は将来なくなるものとの位置付けで進んでいるが、本当に可能なのか。このあたりの意思決定プロセスに理論科学者のみでなく技術者も交えて、技術革新の状況も含んだ議論による方向性が試される時ではないかと思われる。

◆自然科学者と技術者の違い

自然科学者は未知のものをさまざまな角度から調査・試験・検証し、ある一定の結論を出す。一方、技術者は科学者が唱えた方向性をあらゆる角度から検討して、経済性や安全性なども考慮して形にする。そして人類にとってより良い環境を作るのである。原子力発電所の活断層に関しては、自然科学的に解明しにくい状況を、無理に判断し意思決定するのは非常に難しいと思われる。現在の自然科学のレベルで活断層か否かを決定するよりも、この問題をどのような形で解決するかの技術的な提案を何通りも検討して議論し決めるのが正しい意思決定プロセスではないだろうか。技術者であれば、あいまいな状況に対してはいくつかの方法を二重三重に考えて、リスクの少ない形で現実のものにするのではないかと思う。

◆東日本大震災対応事例の紹介

まず、JR東日本の対処事例を記述する。

結論から先に述べると、新幹線一九本、在来線二七本、合わせて四六本の列車が災害地域で走行していたが、あの広域にわたった大津波被害にもかかわらず、一人の死傷者も出さないという快挙を成し遂げた。これは、組織の意思決定が理想的に機能した好例として、安全マネジメント研究者の間で高い評価を得ている。

具体的には、過去の事故例から得られた教訓を「安全第一」の会社ポリシーのもとに実践した結果であった。まず、阪神淡路大震災や中越地震から学び、鉄道の橋脚の耐震性を強化する補強工事が完了していた。また、走行中の列車を地震発生と同時に止めるシステム（早期地震検知システム）を開発して運用可能な状態になっており、走行中の全列車が想定どおりに停車し、一両も脱線しなかったのである。新幹線は全車両に、新たに開発した脱線防止の「L型ガイド」が取り付けられていた。沿岸付近を走行していた在来型の五列車や駅舎などは、大津波に襲われ破壊されたが、乗客、乗員などは一人も犠牲にならなかった。これは、駅ごとに津波からの避難誘導ガイドが用意されて、いつでも利用可能になっていたことと、訓練が行き届いていたため、円滑に避難誘導ができたことによる。その背景として、会社の安全指針となる「安全綱領」には「判断に迷うときには、最も安全と思われる方法を選ぶべきである」と明記されていた。

現場本位で、現場担当者にとって現実的な安全綱領が整備されて、それらが社員全員によく理解されていたことが、被害を最小限に食い止めた最大の要因だったと思われる。このように組織の意思決定が迅速に行われて、現場第一線に周知されていたことは、今後の危機管理を検討する上で、「成功事例」として参考にしたいと思われる。

定型的なマニュアルにとらわれ過ぎず、担当者がその時点での最良の判断を下せるような訓練教育を行い、レジリエンス（最悪な状況に直面しても、変化や外乱の前・途中・後でシステムが自分の機能を調整し、それによってシステムが想定内・想定外、いずれの状況に対しても必要な動作を維持することができる能力を備えていること）な考えのもとに行動した結果として、津波による犠牲者が出なかったのである。

次に、経営者の積極的リーダーシップによりＢＣＰ（事業継続計画）マニュアルの作成に取り組み、実践し、従業員を人的被害に合わせることなく、早期に事業を再開した会社を紹介しよう。

仙台空港近くの海岸寄りにある株式会社オイルプラントナトリは、廃油精製事業、工場廃水油水などの中和処理事業、廃プラスチックの再資源化、食用廃油からのＢＤＦ（バイオディーゼル燃料）事業などを主とする産業廃棄物処理業者である。同社は直接津波に襲われ、流されてきた松林の流木に覆われた状況から、再起不可能だと思われた。しかし、平成二三年一月に完成したばかりのＢＣＰのマニュアルに則り、従業員の安否確認、非常用自家発電機による停電時の対応、事業の選別、同業他社との連携などにより、幸い油水分離タンクと数台の輸送用タンクローリーが使用できる状態にあったため、いち早く事業再開に漕ぎつけることができた。

工場事務所の一階は流されたが、二階部分にサーバーがあったため、すべてのデータが助かり、顧客、同業他社、取引先との連携も素早く取ることができた。地震による停電の際には非常用自家発電機を作動させ、テレビによる大津波情報をいち早くキャッチし、一時間後に大津波が襲来（BCPでは、津波は想定外であった）したときには従業員全員が約三キロメートル離れたイオンモールの屋上へ避難しており無事だった。津波による浸水で、二日間は工場のある地域は立ち入り不可。被害状況の把握は三月一三日になり、想像以上のダメージで、廃液貯蔵タンクやドラム缶、運搬車は大半が流され、機械は塩水を被り動作不可、建屋は損壊し、工場を稼働させることは不可能であった。

しかし、前述のとおり、残った貯蔵タンクや運搬車両により、津波被害から一週間で事業再開に漕ぎつけたのである。BCPにより、災害時の優先復旧事業として油水加工と廃油精製が選定され、それらの目標復旧時間はそれぞれ三日と三〇日と明記されていたため、迷いなく事業の再開方針が定められた。実際に中核事業が再開されるまでには、「油水加工」は一〇日、「廃油精製」は約七〇日かかったが、被災当時には考えられなかった短期での復旧であった。本社機能は失われなかったため、一週間後の三月一七日から業務を再開、他の事業「木くず、廃プラの破砕」「BDF」は、当面復旧を見送ることとした。

取引関係先との協力、復旧に必要な手元資金の確保についても、BCPにより対応していた。早期再開に伴い、二次災害の防止に対する安全確保の公共事業に取り組み、流出廃油ドラム缶の回収、農家で使用されていた燃料用ドラム缶の回収、名取市からの要請によるガソリンスタンドや陸に上

がった船舶からの燃料回収を行った。津波被害を受けた閖上（ゆりあげ）地区のガソリンスタンド、漁協地下タンクにある燃料の回収などにもいち早く取り組むことができた。

これも、社長をはじめとする会社全体の意思決定に基づく成功事例として今後の教訓としたい。

4 柔軟な意思決定プロセス

◆柔軟な法解釈の必要性

平常時における法律による対処方法と非常時における対処方法は、変わることも必要ではないかと思われる。

たとえば東日本大震災における津波によるガレキの処理に関しては、現行法ではそのままガレキを防波堤や高台建設の資材として直接使用することはできない（可燃物は基本的に焼却してから処分、法律基準に則った再使用可能資材加工等）。それによりガレキ処理に大幅な遅れが生じている。また多大な分別、輸送などの費用が発生している。関東大震災時のガレキは横浜港山下公園の建設資材として使用され、現在は憩いの場になっている。現在の技術では有機物から発生するメタンガスなどは、適正な処置を施せば問題なく対応できるにもかかわらず、法の壁によりなかなか前に進まない。非常時には柔軟な対応が必要であり、法文一辺倒ではなく、そのときに最も適した方法を議論し処置していく柔軟性のある意思決定プロセスによる行政処置が必要と思われる。

◆行政の意思決定プロセスによる組織運用の是非

経済の低迷の一因として、同じような組織運用が業界毎に許されたり許されなかったりしていることがあげられる。これも政府、行政の意思決定プロセスから生まれた現象である。

たとえば携帯電話は、いまや小学生から大人までほとんどの人々が手にしている。携帯電話をここまで普及させるには価格がゼロ円とか一円とかの時代があり、現在もそれが続いている。しかし、携帯電話は多くの技術者や企業が開発を重ね多大な費用をかけた結果出来上がったものであり、この高性能な製品が一円でできるはずはない。いつの間にか製品本体の価値が機能のみとなり、物としての価値の大切さが失われてしまった。この製品価格は通信事業者の通話料に転化され、製品そのものの価格は表面上消え去っている。その結果、多くの利用者が安易に新しい機器に買い替え、膨大な携帯電話の廃棄物が発生している。

この価格の通話料への転化システムは、通信産業界の組織全体として、行政も交えた意思決定プロセスによるものである。本当にこれでよいのか、何か変ではないかと疑問を持つことも必要ではないだろうか。日本における製造業の低迷は、個人が各商品の価格を把握することができなくなったことも一因かと思われる。価格決定プロセスも通信事業者が主体となり、製造業は厳しい生産コストをしいられ、その結果として収益確保のために雇用を抑え、正規社員を削減し、技術継承教育もできなくなっている。一方、人件費の安い海外への生産拠点の移転などでは、事故や不祥事の再発防止がままならない状況である。

この原価の転化（付け替え）を建設業の工事現場に置き換えた場合、いくつかの工事を受注した建設工事会社が工事を行うには、その工事毎の原価計上が義務付けられ、他の工事に原価を振り替えること、また進行基準（年度ごとの進捗精算）での原価計上を怠ることは犯罪となる。そうすることによって、どんぶり勘定の経営を防止し、経営の適正化を図り、適正な税務申告と納税が行われるようになっているのである。このように、建設業では厳しく原価管理が行われている。通信事業組織全体においてグローバル化という名のもとに原価が見えなくなるのは何か変ではないだろうか。経済の専門家は個々の企業が原価に基づいて契約しており問題ないというが、通信事業全体を俯瞰的に見て適正なのかと単純に疑問を抱くものである。

またプリンターの世界を見てみると、本当にプリンターは数千円から一万円前後で出来上がるものなのだろうか。印刷のためのインクを一そろい買うと機械の値段より高くなってしまうのは、いかがなものか。個々の原価把握が重要かと思う。このような背景から、機械製品自体を大事にしない感覚が芽生えてしまっている。

◆法律を乗り越えられず再発防止策が取られなかった事項

エレベーターによる死亡事故は、二〇〇六年の東京都港区営アパートでの事故の後、二〇一二年にも石川県金沢市内のホテルで起きた。

二〇〇六年の死亡事故は、国土交通省などの調査結果によるとエレベーターのブレーキ部分の磨耗によって引き起こされていた。このため建築基準法が改正され、二〇〇九年以降に設置するエレベーターには通常ブレーキのほか、扉が開いたままカゴが上昇・下降することを防ぐ補助ブレーキの設置が義務化された。しかし、建築基準法に関しては、建設当時に法的に適合していたものは違法とはならず「既存不適格」の位置づけとなり、補助ブレーキ設置義務の対象外となる。そのため二〇一二年に事故を起こした金沢のホテルのエレベーターの場合、補助ブレーキを設置せず、任意に摩耗を検知するセンサーを付けた状態であった。

昇降機関係は建築基準法の範囲であり、法改正により現行法で違法となっても遡及されず「既存不適格」。一方、同じ建築物内の設備でも、消防法は総務省管轄で、改正があった場合は改修猶予期間が設けられてはいるが、消防関連設備には「既存不適格」という扱いはなく、違法となる。

本来「既存不適格」という扱いは、耐震設計基準などが法的に改訂されたときに、それに伴う改修はあまりにも社会的負担が大きいため取られた処置である。建築基準法も内容によっては「既存不適格」扱いをなくし、消防法のように対応すべきと思われる。
二〇〇五年に起きた姉歯耐震構造計算偽装事件により、一九八一年改正の新耐震基準に対して構造強度が足りない建築物は「入居禁止」となり、補強工事や建て替え工事が行われた。しかし、構造強度計算が法改正の前に行われた建築物に関しては、新耐震基準に合わなくても「既存不適格」という形で多くの建物が存在する。それらのなかには「入居禁止」になった建物と構造強度レベルが同等のものも数多くあり、現在もそこで生活している人がいるということを知っておかなければならない。
このようなことから、法律についてもその時代の文化に最も適した内容に絶えず改訂していく、意思決定プロセスが必要かと思われる。

〈参考文献〉

公益社団法人 日本技術士会『技術士制度における総合技術監理部門の技術体系』
東京電力福島原子力発電所における事故調査・検証委員会 報告書
東京電力福島原子力発電所事故調査委員会 報告書
北村正晴監訳『レジリエンスエンジニアリング―概念と指針』日科技連出版社（二〇一二）
公益社団法人 日本技術士会衛生工学部会「東日本大震災現地調査報告書」

第3章

事例研究

①リスク&クライシス・コミュニケーション
②CRMと内部統制とトヨタ生産方式
③ITとCRM
④クラウドサービスの障害から学ぶ
⑤「推理シナリオ法」による事故からの学び方
⑥原子力施設特有の事故対策問題
⑦院内感染
⑧日本の規制、海外の規制
⑨新規技術導入におけるゴーエラー

1 リスク＆クライシス・コミュニケーション

筆者は、企業広報やマーケティングPR、危機管理広報についてのコンサルティング会社を経営し、ふだんは新聞、テレビ、雑誌などの記者対応とインターネットの口コミ対策を行っている。また、全国の地方自治体や民間企業を回って年間五〇回以上、報道対応についての研修や講演もしている。その経験をもとに、災害に対する組織のコミュニケーションの問題を解明し、改善策を提案しようと日々努力している。ここでは、東日本大震災以降、筆者が考えてきたことを紹介する。

◆リスクマネジメントとしてのコミュニケーション

リスクマネジメントには二種類の「コミュニケーション」がある。一つは「リスク・コミュニケーション」、もう一つが「クライシス・コミュニケーション」である。頭の部分が「リスク」か「クライシス」かの違いだが、その目的や必要となる場面は異なる。

簡単に言うと、災害あるいは事件・事故が起きていない段階、つまり平時において大切なのが「リスク・コミュニケーション」である。一方、「クライシス・コミュニケーション」は、災害や事件・事故が起きてしまった瞬間から終息までの間、必要となる。

いま、日本において「リスク・コミュニケーション」はある程度広まり、実践もされている。筆者の知るところでは、化学工業業界が「リスク・コミュニケーション」に非常に熱心である。また、筆者は「日本で一番リスク・コミュニケーションに努力しているのは電力会社である」とかつては講演会や研修会などで紹介していた。しかし、残念ながら、二〇一一年三月の東日本大震災とそれに続く東京電力福島第一原子力発電所の事故以降、そうとは言えなくなってしまった。確かに原子力発電所に関するリスク・コミュニケーションには膨大な資金や人員が投入されていたが、電力会社から世間に発せられたメッセージには誤解を招く要素が多く含まれていた。結果的に地域住民やマスコミなどステークホ

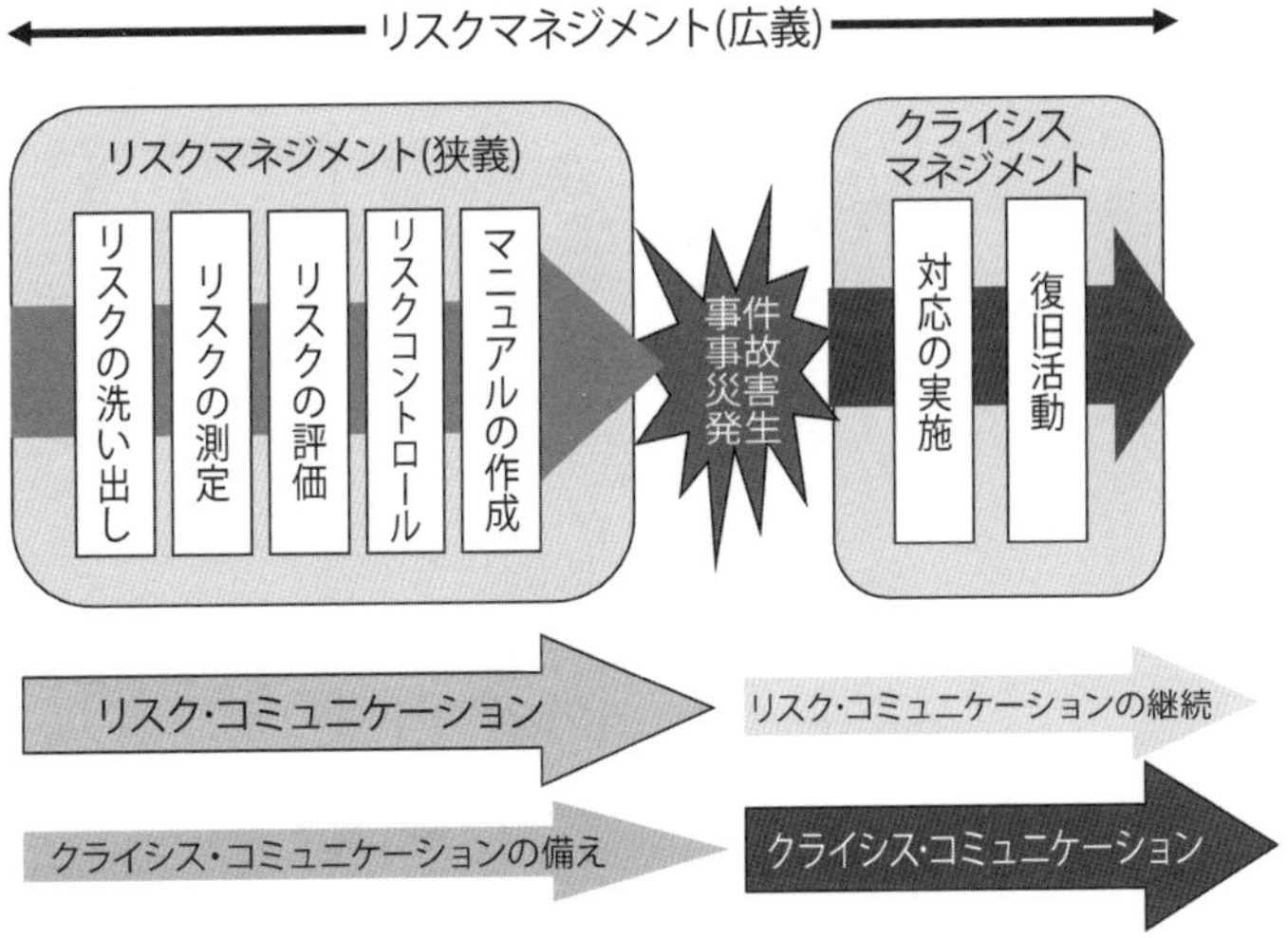

図 3-1　リスクマネジメント全体像におけるリスク&クライシス・コミュニケーション

ルダー（利害関係者）に「安全神話」を信じ込ませるという失敗が起きてしまった。これは、リスク・コミュニケーションの手順や頻度の問題ではなく、伝えようとしていたメッセージの中身の問題である。

さて、クライシスが発生した瞬間からその終息までの間に必要なのは、「クライシス・コミュニケーション」のほうである。このクライシス・コミュニケーションについては、日本の組織の対応はまだまだ甘いといわざるをえない。事故や災害が起こるたびに「情報公開が遅い」「何を言わんとしているのかわからない」と非難が巻き起こるのはそのせいである。東日本大震災でも政府のクライシス・コミュニケーションのあり方が大きな問題となった。

◆リスク・コミュニケーションをめぐる誤解

リスク・コミュニケーションとは「事業者が地域の行政や住民と情報を共有し、リスクに関するコミュニケーションを行うこと」を指す。たとえば

・工場見学会を開く
・原子力発電所の見学会を開く
・住民説明会を開く
・日常の苦情に対応する

・化学物質の環境リスクについて報告書を作成する

などが、身近なリスク・コミュニケーションである。

世界保健機関（WHO）は、リスク・コミュニケーションを「リスクを評価する側、リスクを管理する側、その他の利害関係者（ステークホルダー）がリスクについて、情報や意見を交換する過程」と定義している。この定義に従うと

・感染症に関する情報の周知

・自然災害に関する情報の周知

・製品安全と、残存リスクの周知（傷害予防）

・テロ対策

などもリスク・コミュニケーションに含まれてくる。

注目すべきは、リスク・コミュニケーションは一方的に情報を発信することではなく、双方向のコミュニケーションだということである。そもそも、リスク・コミュニケーションの「コミュニケーション」とは何だろうか。『広辞苑』で「コミュニケーション」を調べると、「社会生活を営む人間の間に行われる知覚・感情・思考の伝達。言語・文字その他視覚・聴覚に訴える各種のものを媒介とする」と出ている。さらに「動物個体間での、身振りや音声・匂いなどによる情報の伝達」「細胞間での伝達または移動」という説明もある。英和辞書で“communication”を引くと、伝達、

報道、連絡、通信、情報、伝言のほかに、交際、交通、病気の伝染ということまで出てくる。ここで一つ注意すべき点がある。それは、「コミュニケーション」という言葉に「相手を説得する」「相手を自分の都合のよい方向に向かわせる」という意味は含まれていない、ということである。つまり、リスク・コミュニケーションの目的は、説得や合意形成ではないのである。ここのところが、多くの人々が誤解している点である。

事業者がリスク・コミュニケーションに着手するときには、どうしても、地域住民や消費者といったステークホルダーの説得や、ステークホルダーとの合意を目指しがちである。しかし、「コミュニケーション」という言葉の本来の意味からするとそれは違う、ということになる。市民・消費者に影響が及ぶ可能性のあるリスクを洗い出したうえで、リスクについての情報を共有し、共に対応を考え、意見交換し続けること、それがリスク・コミュニケーションである。

何事にも効率を求める日本の組織は、まるで生産管理でも行うように期限を決めてリスク・コミュニケーションに取り組みがちである。それはリスク・コミュニケーションをおかしな方向に向かわせる原因になる。短期決戦のつもりでリスク・コミュニケーションを始めてしまうと、つい焦ってしまう。計画どおりに事が進むとは限らない。最悪の場合、企業など組織は地域住民などステークホルダーを黙らせるために、金をばらまいたり何かしら圧力を加えたりするかもしれない。それでは信頼関係は築けない。金を受け取ったり圧力を加えられたりしたステークホルダーは一時的に静かになるかもしれないが、不満や不審は持ち続ける。リスクが顕在化しクライシスとなったとき、それまで押さえつけられていたステークホルダーの不満や不審が爆発するおそれがある。そうなってしまえば、それまでに組織が投資した資金も時間もすべてが無駄になってしまう。

リスク・コミュニケーションが目指すべきは、合意でも説得でもなく「信頼関係の構築」である。ステークホルダーとの間で、たとえ意見対立があったとしても、あきらめずに地道にコミュニケーションし続けること。あきらめずに互いの意見や感情を伝え合い、かかわりを持ち続けることで、立場が違う者との間でも信頼関係が生まれる。「全面的に賛同はできないが、あいつの言うことにも一理ある。あいつは正直だ」と、相手に対するリスペクトが生まれる。一見遠回りであったとしても、時間と手間をかけて築いた信頼関係は、たとえ災害や事故が起こってもすぐには壊れない。

◆クライシス・コミュニケーションをめぐる誤解

クライシス・コミュニケーションは、リスクが顕在化しクライシスになったとき、つまり事件・事故あるいは災害が起きたときの活動である。クライシス・コミュニケーションとは、クライシスにより事業者が危機的状況に陥ったときのコミュニケーション活動全般を指す。

なぜ、日本ではクライシス・コミュニケーションが普及しないのだろうか。その理由は日本の組織ならびにそこに属する人々に共通するある特徴のせいだと筆者は考えている。東日本大震災でも明らかになったとおり、日本の組織人はもともと「最悪の事態を想定する」ことが苦手である。「事故や大災害はめったに起きない」「あってはならないことは起こらない」という前提で、楽観的に物事を進める傾向にある。よって、クライシス・コミュニケーションの準備も、「必要となることなんてほどんどないから」と、何もしないままでいるのであろう。

さらに、日本の組織人特有の生真面目さがあだとなることもある。実際にクライシスが起こった場合、「発表するにしても詳細がわかってからにしよう」「まずは科学的な解明が先」「上の承認をとらねば」というような慎重さゆえに、発表が遅くなったり、情報を小出しにしたりして、ますます社会を混乱させてしまうのである。

◆東日本大震災におけるクライシス・コミュニケーションの失敗例―農産物の出荷・摂取制限の発表

農産物出荷・摂取制限による混乱

二〇一一年三月一一日に発生した東日本大震災の際、原発事故が発生。その影響で農産物から暫定基準値を超える放射線量が検出され、三月二一日には政府から出荷制限が、そして二三日には摂取制限が発表された。そのために大混乱が起きた。当面の健康被害はないが、出荷してはいけない、食べてはいけない、とにかく冷静な行動をせよ、としか説明がなかったからである。

「冷静な行動をお願いします」という表現はあいまいである。「当面ホウレンソウを食べない」ということなのか、「健康被害がないのなら、基準値を超えていてもホウレンソウを食べる」ことなのか。出荷・摂取制限が発表されたとき、インターネットの「ツイッター」では「ここ仙台では生鮮食品がとても入手しにくく、捨てるのであればぜひわけていただきたいです」との書き込みも見られた。

当事者が想定着地点を示さないと先行き不安が増大

東日本大震災のような大災害の場合、着地点を見極めること、つまり先を見通すことはきわめて困難であろう。しかし、通常の組織運営上考えられる事件・事故については、それが起こってしまったとき、論理的な着地点を想定したうえで当事者は対処にあたるもの

2011 年	
3 月 11 日	14:46 三陸沖を震源とする M9.0 の地震発生 19:03 原子力緊急事態宣言発令
3 月 19 日	官房長官会見「茨城県産ホウレンソウ、福島産原乳から暫定基準値を超える放射線量が検出された」
3 月 21 日	福島・茨城・栃木・群馬県産のホウレンソウ、カキナと福島県産の原乳の出荷制限
3 月 23 日	福島県産のキャベツなどの摂取・出荷制限
4 月 4 日	千葉県香取市産などのホウレンソウなどの出荷制限
4 月 4 日	出荷制限・摂取制限の解除条件について発表
4 月 8 日	福島県喜多方市産などの原乳、群馬県産ホウレンソウ、カキナの出荷制限解除
4 月 10 日	茨城県産原乳の出荷制限解除
4 月 13 日	福島県飯舘村産露地原木栽培しいたけの摂取制限
4 月 14 日	栃木県産カキナの出荷制限解除
4 月 27 日	福島県産キャベツなどの摂取・出荷制限解除
6 月 23 日	福島県内の野菜の出荷制限、警戒区域などを除き、ほぼ全面的に解除

図 3-2　農産物出荷・摂取制限の発表経緯

である。クライシス・コミュニケーションの一環として事態を世間に説明するときも、その想定着地点について言及すべきである。「〇日後の復旧をめどに、現在、修復工事を行っております」というように、当事者が何を目指して、いま何をしているのかがわかること。これが周辺のステークホルダーには重要である。しかし、しばしば見られるのは「言葉足らず」な発表である。これからどうなるのか、あるいはどうすればよいのか、当事者は何をめざしているのかが一向にわからないと、周囲の人々の不安はどんどん加速していく。

事件・事故・災害時に人々が知りたい四つのポイント

一般的に、事件・事故あるいは災害など危機が発生したとき、人々が知りたいことは以下の四ポイントである。

① 何が起きたか（現状）
② なぜ起きたか（原因）
③ いまどうするのか（対処、補償）
④ 将来どうすればよいのか（再発防止策）

これらは当然、記者発表時にも資料に入れるべき項目である。

農産物出荷・摂取制限発表時に足りなかった情報

東日本大震災後の三月二一日の農産物出荷・摂取制限発表時には、③いまどうするのか（対処、補償）と④将来どうすればよいのか（再発防止策）にあたる部分がプレスリリース（報道関係者用の資料）にはなかった。それで世の中が混乱してしまったのである。

この農産物の出荷・摂取制限問題は、四月四日に出荷制限・摂取制限の解除条件が発表され、その後しばらくして実際に制限解除に至った。

理想を言えば、出荷・摂取制限の解除条件（当該区域の複数市町村で一週間ごとに検査し、三回連続暫定規制値以下となること）を、三月二一日の制限発表時に明らかにしてほしかったと思う。制限解除条件があることがわかっていれば、生産農家も流通業者も消費者も「将来こうなればいいのか。では、それまで辛抱強く待とう」という気持ちになれたはずである。しか

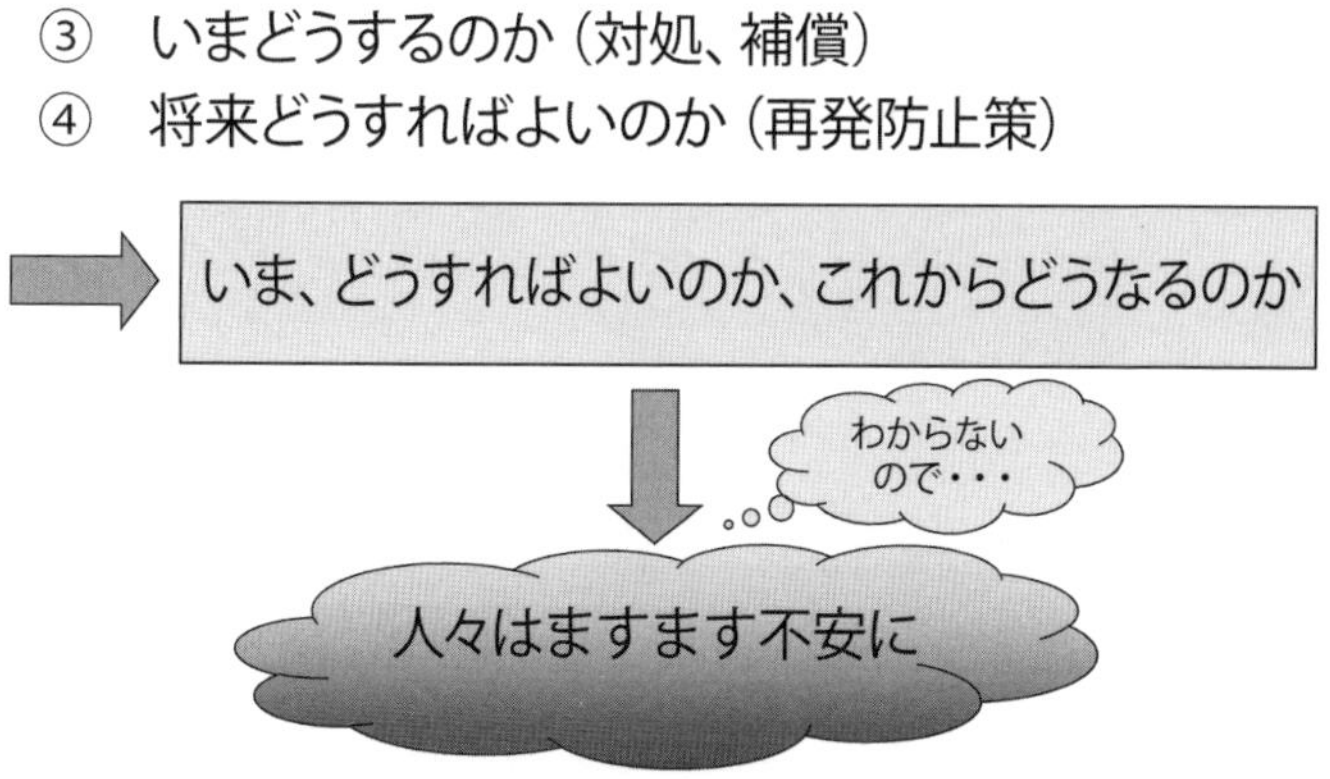
③　いまどうするのか（対処、補償）
④　将来どうすればよいのか（再発防止策）
いま、どうすればよいのか、これからどうなるのか
わからないので・・・
人々はますます不安に

図 3-3　出荷・摂取制限発表時に足りなかった情報

し、実際には、出荷・摂取制限の解除条件は、制限発表から二週間も経ってからようやく出てきた。その間の生産農家はじめ関係者の絶望感は察するに余りある。三月二四日には福島県の野菜生産農家の男性の自殺まで起きている。

もし、三月二一日の制限発表時に、解除条件をどうするか結論がまだ出ていなかったのならば、せめて「制限解除条件については、現在、検討中です」と一言、発表資料に入れておくべきであった。「検討中」というのも立派な事実についての説明なので、当事者が発表する価値がある。「検討中」の一言だけでも、人々の希望をつなぐ材料になりえただろう。

◆リスク・コミュニケーションとクライシス・コミュニケーション、それぞれの役割

いうまでもなく、リスク・コミュニケーションとクライシス・コミュニケーションは違う。筆者はよく、この二つのコミュニケーションの関係を医療行為にたとえて説明する。事件・事故、あるいは災害発生直後のクライシス・コミュニケーションは救命救急医療のようなものである。一方、リスク・コミュニケーションは予防医療や健康管理にあたる。

「いますぐに何かをしなければ！」という状態ではないとき、つまり平時から始めて、つねに継続するべきである点、そして早めの対応によってクライシスも防げるという点で、予防医療や健康管理とリスク・コミュニケーションは似ている。

人間が健やかに長生きするためには、予防医療と救命救急医療の両方が必要である。同様に、組織が継続的に発展していくためにもリスク・コミュニケーションとクライシス・コミュニケーションの両方が大切である。

日本の現状を見ると、平時に行えるリスク・コミュニケーションはそこそこ浸透していると言える。が、ときに伝えるべきメッセージがわかりにくかったり、リスクの実態を正確に伝えていなかったりするようである。緊急時のクライシス・コミュニケーションについては、その必要性は認められているものの、ほとんど準備ができていない。そのため、いざというとき情報公開が遅れ、情報量も十分ではなく、社会の混乱を招く事態となっている。

◆東日本大震災から得られた教訓

東日本大震災と東京電力福島第一原子力発電所事故のあと、日本国民あるいは世界の人々が落胆したのは、当時の日本政府・省庁や東京電力のコミュニケーションの稚拙さであった。その実態は、各種事故調査委員会の報告書でも述べられている。これらから得られる教訓は何だろうか。

リスク＆クライシスはセットで

筆者はまず、「リスク・コミュニケーションとクライシス・コミュニケーションはセットで考えるべきだ」ということを改めて思い知った。

一方で、現実には両方を同じ熱心さで実行することは非常に難しいということも、よくわかった。震災前、リスク・コミュニケーションにあんなに力を入れていた東京電力でさえ、事故発生時にはクライシス・コミュニケーションまで手が回らなかったのだ。

「リスク・コミュニケーションとクライシス・コミュニケーションはセットで」と言うは易し。しかし、実行は困難だ。日頃からリスク・コミュニケーションをまったくやっていない組織は、リスクを報道関係者や地域住民に説明することにも慣れていないし、どんなクライシスが起こりうるのかという予測も甘いだろう。災害や事故が起きたとき、結局、「クライシス・コミュニケーションなんてとてもじゃないけどできません」ということになってしまう。それでは困るのである。私たちはあきらめるわけにはいかないのだ。

いまだからできること

東日本大震災により、私たちは「千年に一度のことも、起きてはならないことも、実際には起こりうる」ということを身にしみて理解した。望む望まないは別として、いま日本全土で人々はリスクに真剣に向き合おうとしている。ということは、組織をとりまくステークホルダーにも、その組織が抱えるリスクについて冷静に受け止める下地ができたということである。これは、あらゆる組織にとってリスク・コミュニケーションを始めるチャンスである。さらに、クライシス・コミュニケーションの準備を行う時期も来たということでもある。官民問わず、あらゆる組織に、いまこそ本気で両方に取り組んでほしいと思う。

〈**参考文献**〉
宇於崎裕美・掛札逸美共著『人と組織の心理から読み解くリスク・コミュニケーション―対話で進めるリスクマネジメント』日本規格協会（二〇一二）
厚生労働省ホームページ「報道・広報」http://www.mhlw.go.jp/stf/houdou/

コーヒーブレーク　稲むらの火

「稲むらの火」は、安政南海地震（一八五四年）で津波を予感した庄屋・五兵衛が自分の稲束を燃やして村人を丘の上に誘導し、津波から救ったお話です。紀伊国広村（現在の和歌山県広川町）に実在した浜口儀兵衛にまつわる史実をもとに小泉八雲が英語で物語化し世界に紹介、これを中井常蔵が翻訳したものが地震後の津波に対する警戒と早期避難の教えとして戦前には教科書に掲載されていました。二〇一一年度の小学校の教科書にあらためて掲載されています。

二〇一一年三月一一日一四時四六分、三陸沖を震源とした大きな地震が起きました。後に東北地方太平洋沖地震と命名されたこの地震は、その規模マグニチュード九・〇の観測史上最大の強さで、それによって引き起こされた津波は三陸を中心に東日本の沿岸部一帯に甚大な被害をもたらしました。

三陸沿岸は十勝沖、三陸沖、宮城沖と複数の震源域に囲まれた地震多発地帯で、これまで幾度も大きな地震、津波を経験しています。近年では明治三陸地震（一八九六年、M八・二、震度四、津波最大波高三八・二メートル、死者二万一九五九人）、昭和三陸地震（一九三三年、M八・一、震度五、津波最大波高二八・七メートル、死者三〇六四人）があり、また遠く南米チリの大地震で発生した津波が太平洋を越えて押し寄せた例もあります。昭和三陸地震では、津波犠牲者が明治のそれと比較して大幅に減少しました。これはそれまでの経験が生かされた結果とされています。一方、今回の津波では、その規模の大きさを考慮しても、教訓が十分生かされたとは言えず、また一万九〇〇〇人を超える犠牲を出してしまいました。

そんななかで釜石市の小中学生の避難行動が「釜石の奇跡」として注目されています。同市は群馬大の片田敏孝教授（災害社会工学）指導の下、八年間にわたり「想定を信じるな、状況下で最善を尽くせ、率先避難者たれ」の三原則に基づく防災教育や避難訓練を行った結果、小中学生のほぼ全員が避難に成功しています。注目すべきは彼らが津波警報を聞いて行動したのではなく、地震直後に避難を開始していた点にあります。

今回の災害を受けて、内閣府の津波避難対策検討ワーキンググループが公開した最終報告書もまた「最も有効で重要な対策は素早い避難」と結論づけています。

しかしながら、地震の揺れが大きいと、津波が来る可能性を考えながらも避難を躊躇する人、あるいは経験的に避難を考えない人がかなりの割合で存在します。この傾向は時とともに大きくなります。長い時間のなかで実際に発生する津波が小さく、被害経験がない状態が繰り返されると、「津波なんて来ないだろう」もしくは「津波は来るかもしれないけど、自分は大丈夫だろう」と危機意識が風化していきます。今回、直後に発表された地震の規模はマグニチュード七・九（その後、二度の更新を経て二日後に九・〇に確定）、また津波に関する警報は地震発生から三分後に宮城県に六メートル、岩手県、福島県に三メートルの大津波警報（二八分後に対象範囲の拡大と予測を一〇メートル以上に更新）でした。この初期情報が避難行動に影響したことは十分に考えられます。

警報のあり方を考えるとともに、いかにして時間の壁を乗り越え、避難を躊躇する人たちの背中を押して避難させるか、これが課題です。

その解決のためには、今回被害が拡大した要因を「想定外」とせず「失敗」と捉え、その視点での十分な検証が不可欠です。それがこの地域の今後の津波対策、ひいては近い将来想定される南海トラフ地震・津波対策につながると思われます。

そしてそのときが来たなら、お知らせ的警報ではなく、「逃げろ！」と叫ぶことが「稲むらの火」となるのではないでしょうか。

❷ ＣＲＭと内部統制とトヨタ生産方式

ここでは、図3-4のようにＣＲＭ、内部統制、トヨタ生産方式を並べてみて、その関連性について考えてみたい。

「ＣＲＭ」は航空業界の安全の視点からのマネジメントの考え方で、チーム力の強化、訓練の必要性を追求している。「内部統制」は企業の不祥事を防止するための法律である「会社法」「金融商品取引法」から企業に整備が求められているものである。「トヨタ生産方式」は、「自働化」「ジャストインタイム」を二本の柱として、人間の心理を理解し現場革新を行っていくものである。

それぞれの仕組みが目指すものは「航空業界の安全」「企業の不祥事防止」「現場革新による利益追求」と異なっているが、図3-5のように、外乱を最小にする制御システムと捉えると、それぞれの考え方に共通するものが見えてくる。

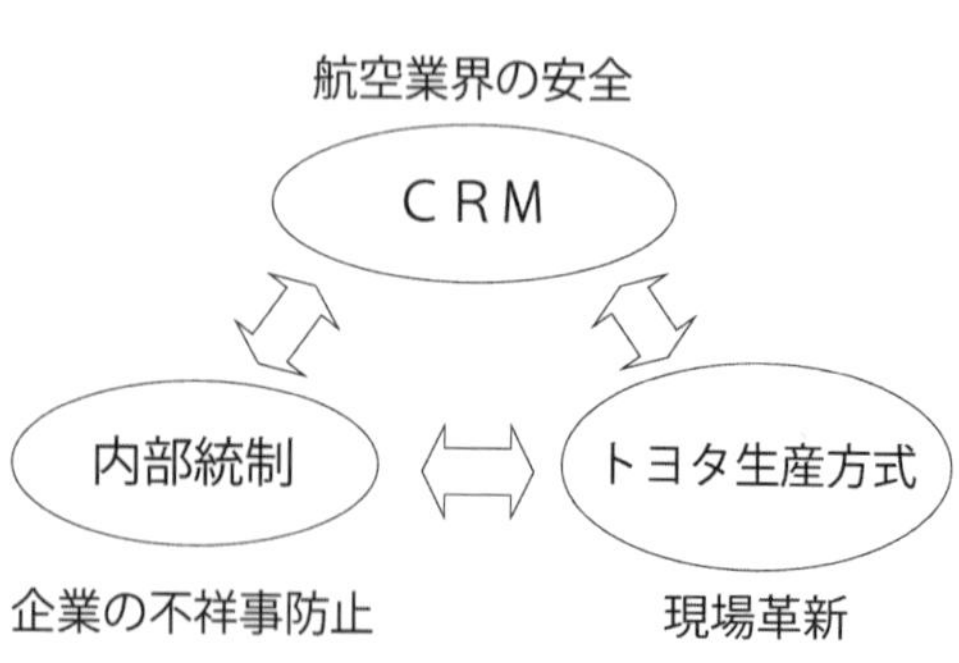

図 3-4

◆CRM、内部統制、トヨタ生産方式の関連性

一見、関係がないと思われる三つの考え方（マネジメントシステム）だが、関連性があるのではないか。その関連性に着目して考えると、それぞれの考え方の理解が深まるのではと、気がついたときのことについて述べていきたい。

組織行動分科会の定例会議の議論において、組織行動学を理解するために第1章の図1-1（一三頁）に示した「組織行動学の概念」が紹介された。この図は次のことを意味している。「組織行動学では、組織事故や組織的な不祥事は組織行動によって誘発されていると考えられる。事故や不祥事にはその背後要因がある。作業現場で起こっている不安全行為が直接的な事故原因と考えられることが多いが、その背後にその現場を取り巻く環境やさまざまな要因が存在し、それらが不安全行為を誘発している。さらにその背後には、組織行動レベルの判断や意思決定の結果が存在している」。

この図を初めて見たときに、左側の「コーポレート・ガバナンス」「経

図 3-5

営層の意思決定」「労務管理」「安全管理」「安全監査」「コンプライアンス」などの項目が目に留まった。これらの項目は、企業内に内部統制の整備ができているかを確認するための内部監査で行う監査項目と同じではないかということに気がついた。

また、別の機会に、第1章の図1-7（二四頁）「CRMの基本的コンセプト」、図1-8（二五頁）「組織行動学の目指すところ」で示される内容を理解するに至り、CRMの考え方は内部統制の整備状況を確認するための内部監査の考え方の参考になると考えた。

【注】CRM訓練

チームの業務遂行能力を向上させるために、コミュニケーション、状況認識、意思決定などに関する手法、テクニックを学び、日常業務に応用する。安全文化の価値観を醸成する。訓練により気づきの文化をつくる。

◆CRMと内部統制

ここでは、内部統制の基本的な点を説明し、内部統制の整備状況を確認するための内部監査にCRMの考え方を応用すると、どのような内部監査が考えられるかについて説明する。

会社法の法令と具体的な体制の実施例

会社にとって、内部統制環境を整備することは、会社法と金融商品取引法から求められる。会社法、金融商品取引法で求められる内部統制の全体像を端的に表したのが、図3-6のCOSOモデルである。また、会社法の法令と具体的な体制の実施の一例としては、図3-7のようなまとめ方が考えられる。さらに、企業内での内部統制システムを具体的な点から整理すると、図3-8のように考えられる。「安全」「環境」「品質」「情報」「財務報告」「労務管理」「意思決定」「企業倫理」「危機管理」などの、業務リスクに対する防護壁を設け、内部監査部門による監査と、行政の監査、ISOの監査、さらにお客様の監査を受けることにより、防護壁の健全性を維持していく。これらの防護壁内容は、第1章の図1-1の左側で示した、組織行動学で事故を誘発する組織行動要因と考えている内容と

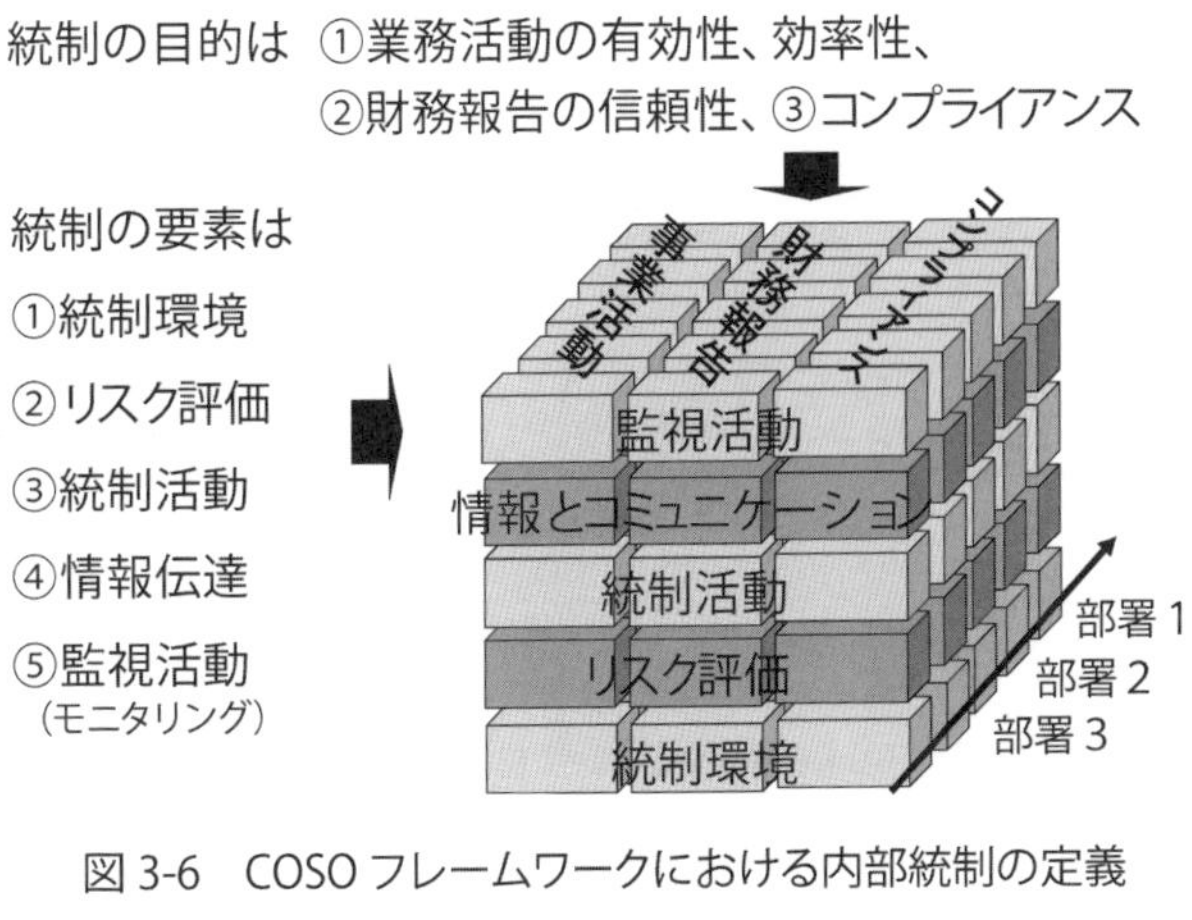

図3-6　COSOフレームワークにおける内部統制の定義

	法令	具体的な実施例
①	取締役の職務の執行が法令および定款に適合することを確保する体制	ガバナンス体制の強化 企業倫理憲章、役員倫理規則
②	取締役の職務執行にかかわる情報の保存・管理に関する体制	情報管理規程に基づく管理・保存すべき情報の明示、保存期間、責任者
③	損失の危機に関する規程とその他の体制（リスク管理体制）	リスクを認識し、把握、管理し、個々のリスクについて管理責任者を決めて対応 ①品質リスク、②安全、③環境 不測の事態が発生したときの体制（危機管理）
④	取締役の職務執行が効率的に行われることを確保する体制	取締役会の定期開催。経営方針・戦略にかかわる重要事項については、経営会議で議論する（意思決定）
⑤	使用人の職務執行が法令および定款に適合することを確保するための体制	コンプライアンス体制の構築、企業倫理規程整備、内部通報制度
⑥	企業集団における業務の適正を確保するための体制	グループ企業全体に適用する行動指針

図 3-7　会社法の法令と具体的な体制の実施例

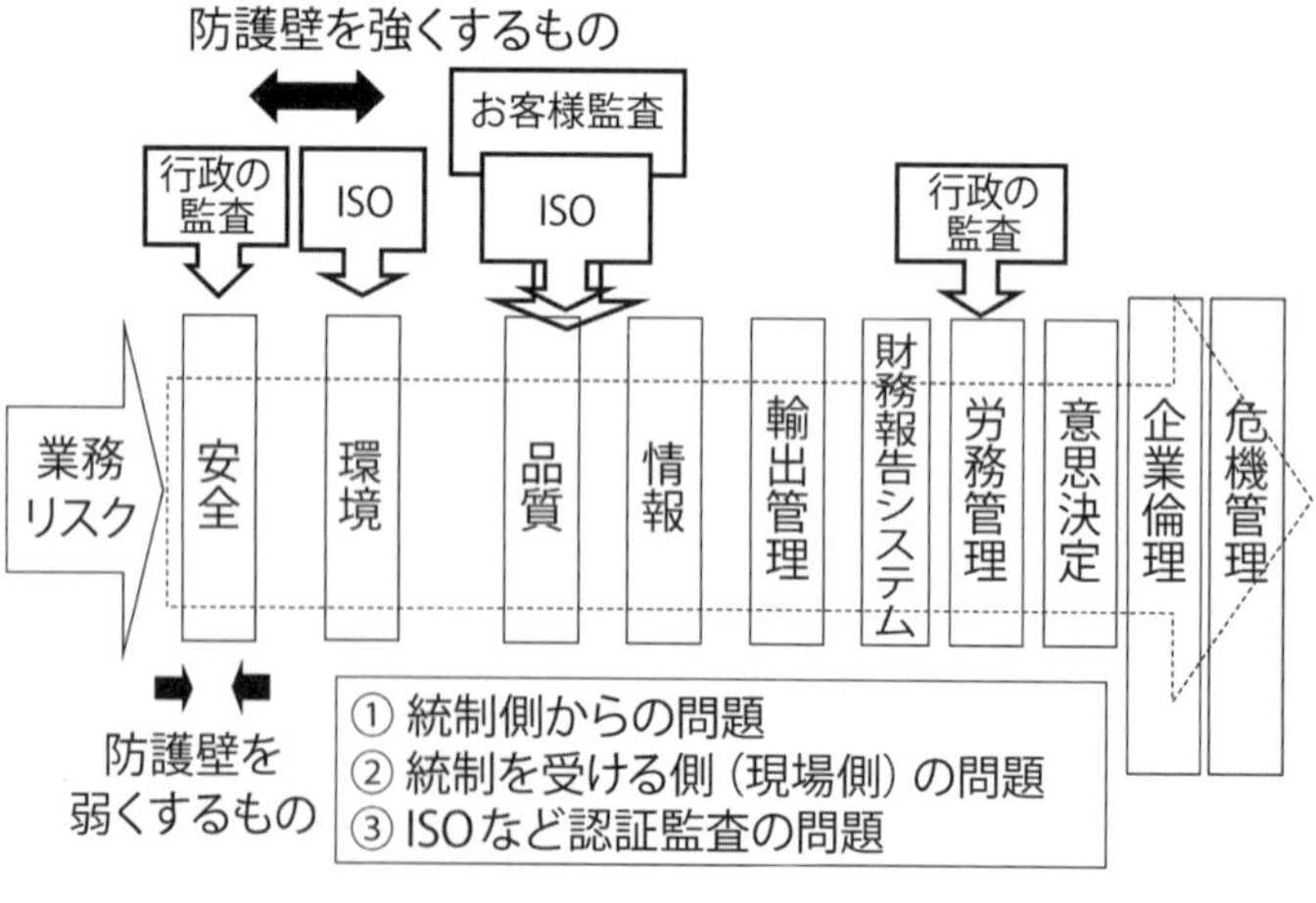

図 3-8　防護壁としての内部統制システム

同じであることがわかる。

【注】図3―8中の「防護壁を強くするもの」「防護壁を弱くするもの」については、この後「CRMの考え方を取り入れた内部監査」の項で説明する。

CRMのスキルと内部統制要素の比較

CRMスキルの五大要素を図3―9に示す。五大要素はそれぞれ三つのスキル要素に分けられ、全部で一五のスキル要素がある。

（1）コミュニケーション＝①3Wayコミュニケーション、②安全への主張と率直な質問、③計画と確認の共有

（2）意思決定＝①リソースの有効活用、②解決策の選択と適切な意思決定、③決定と

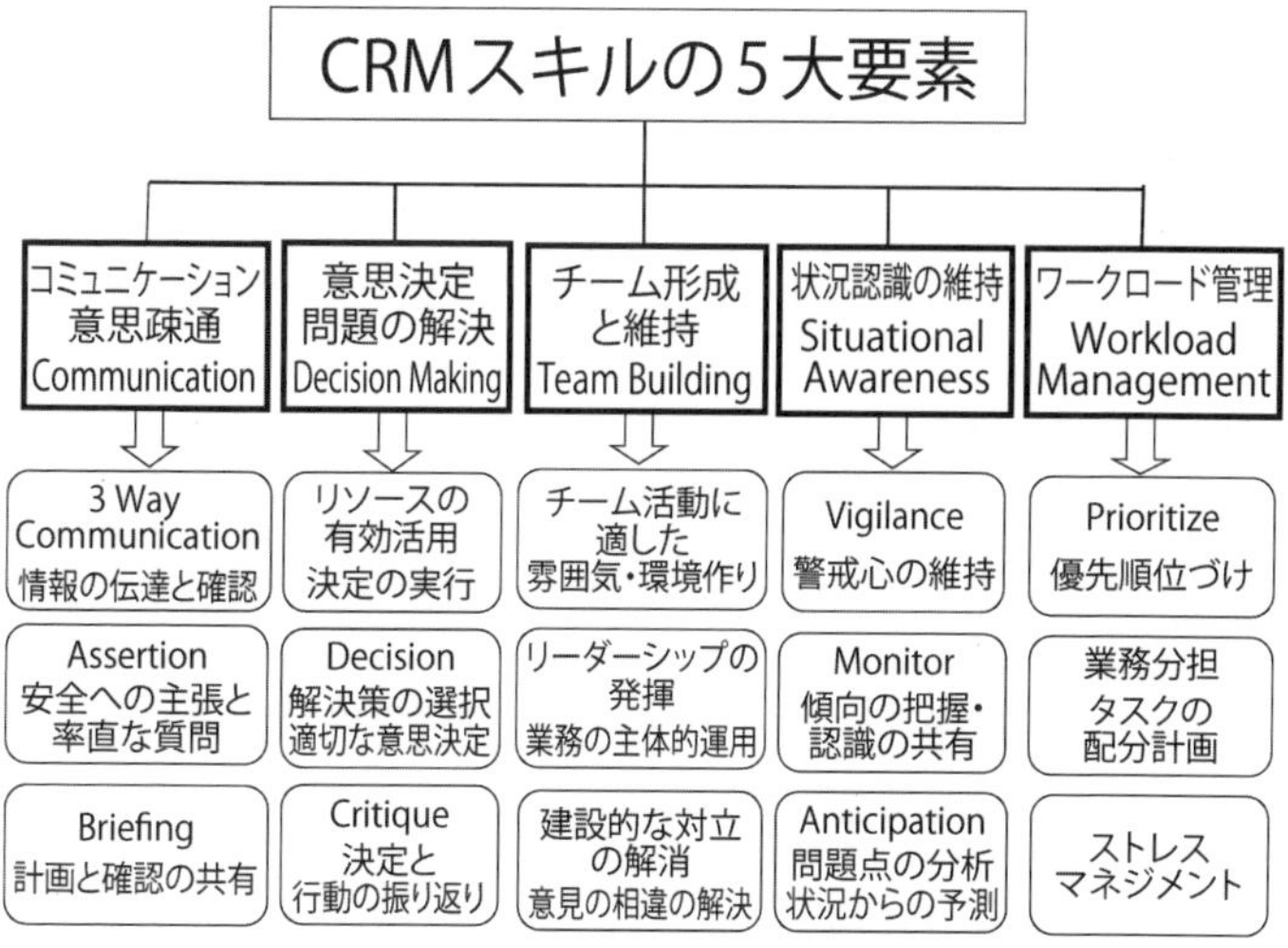

図 3-9

行動の振り返り

（3）チーム形成と維持＝①雰囲気・環境作り、②リーダーシップの発揮、③建設的な対立の解消

（4）状況認識の維持＝①警戒心の維持、②モニタリング、③問題点の分析、状況からの予測

（5）ワークロードの管理＝①優先順位づけ、②業務分担、タスクの配分計画、③ストレスマネジメント

同じように、内部統制の要素は、先に示した図3-6のCOSOフレームワークに示されているように、（1）統制環境、（2）リスク評価、（3）統制活動、（4）情報伝達、（5）監視活動の五つになる。

CRMスキルの五大要素と内部統制の五つの

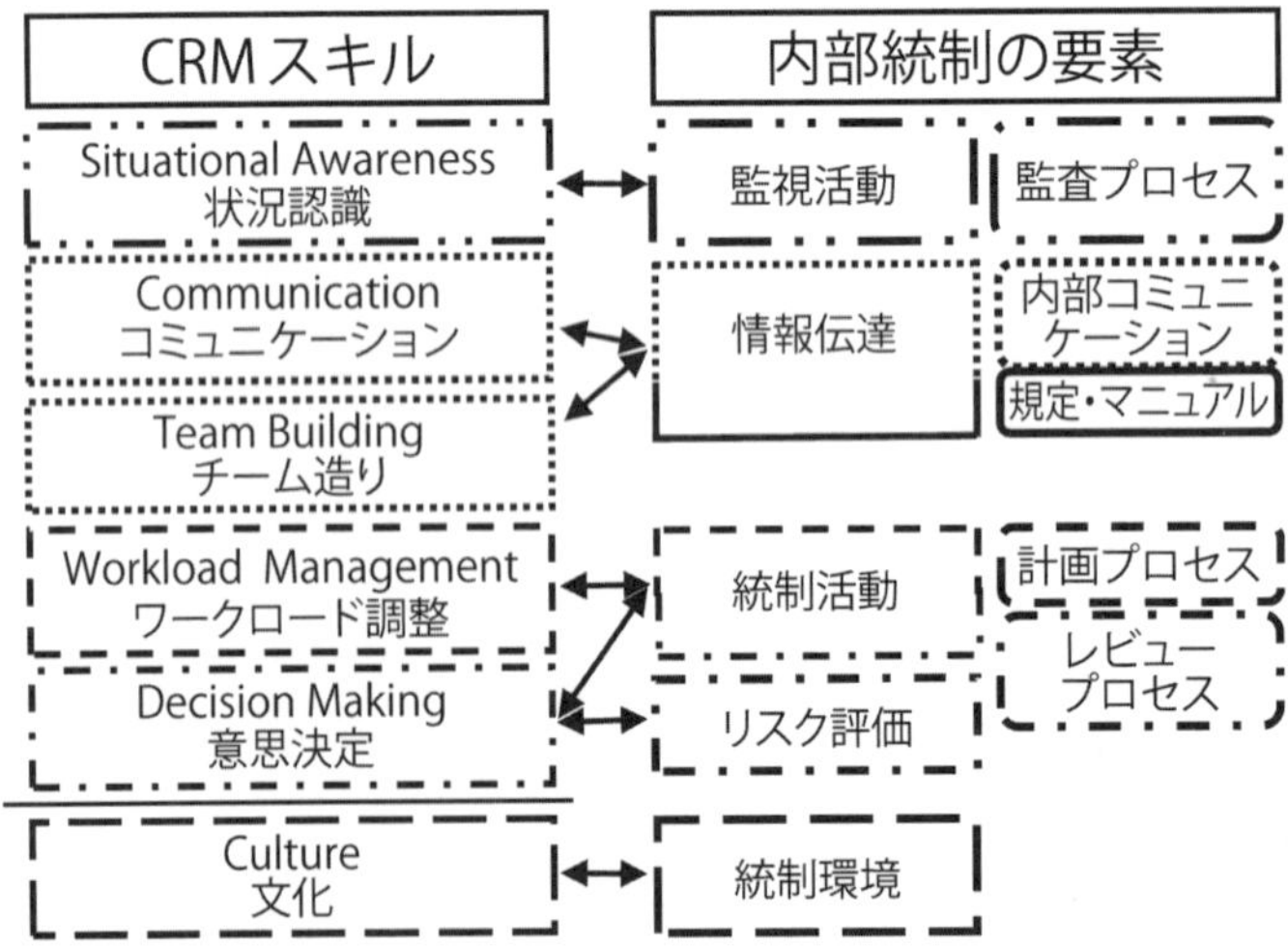

図 3-10

要素を比較したものが、図3-10になる。CRMスキルの要素と内部統制の要素が、それぞれどのように対応しているかが理解できると思う。内部統制では、統制環境が内部統制を実のあるものにするために、いちばん重要と言われている。これに対応するCRMスキルは、五大要素以外のカルチャー、文化になると考えられる。

防護壁に着目した内部監査

通常、内部監査は、図3-8に示した防護壁の有効性を、会社内部の監査部門が監査することで実施されることが多い。また、お客様の監査、行政の監査、ISOの監査がそれぞれの視点で実施され、先の内部監査結果にフィードバックされることが多い。

CRMの考え方を取り入れた内部監査

内部監査は先に述べたように防護壁の有効性を監査するので、①ルールがあるか、②ルールは周知されているか、③ルールは定着しているか、などの点からの監査が実施される。しかし、内部監査をさらに実行性のあるものにするためには、防護壁の有効性を確認した後は、さらにステップアップした内容の監査をすることが必要になるのではないだろうか。その一つの例として、CRMのスキルを参考にした内部監査の方法を紹介しよう。

Situational Awareness	Monitor 状況のモニターと共有	情報のエスカレーション
Communication	3 Way Communication	統制情報の参照が容易でない
		統制システム間の情報が疎
Team Building	Leadership	統制情報の垂れ流し
Workload Management	Distribute 業務分担	組織変更：組織変更に耐えうる仕組みの構築
Decision Making	Critique	統制マニュアルの増大
	Use of Resource	統制の体制図は作るが魂が入っていない

図 3-11　CRM スキルと防護壁を弱める事象の対比（統制側）

Situational Awareness	Vigilance 警戒心の維持	一人作業
		異常時処理に対しての準備不足
		アラームの形骸化
Communication	Assertion/ Inquiry	関係するルール（法令など）の認識不足
		有効な手順書不足
	3 Way Communication	組織間の意思疎通不足
Workload Management	Distribute 業務分担	組織変更：組織変更後の見直しがない
		キーマンの移動

図 3-12　CRM スキルと防護壁を弱める事象の対比（被統制側）

図3-11、図3-12はCRMスキル要素と防護壁を弱める事象を対比したものである。内部統制は、統制をする側と統制を受ける側が存在する。内部統制を維持するために設けた防護壁を弱める事象は、統制側、被統制側にそれぞれ見られる。たとえば、統制側で防護壁を弱める事象としては、①情報のエスカレーションの仕組みが十分でない、②統制情報の参照が容易でない、③統制システム間の情報が疎である、④統制マニュアルが増大する、などがすぐに考えられる。また、被統制側で防護壁を弱める事象としては、①一人作業の実施、②異常時処理に対しての準備不足、③関係するルール（法律）の認識不足、④有効な手順書不足、⑤組織間の意思疎通不足などが考えられる。

これらの事象は、職場、場合によって、いろいろな形で発生するので、整理することが監査の質を向上させるために必要になる。その整理を行う一つの案として、図3-11、図3-12のように、CRMスキルの五大要素、一五のスキル要素を参考に整理する方法がある。防護壁を弱める事象の原因をCRMスキル要素から考えることが、内部監査スキルの向上、また、防護壁を修復させるヒントになる。

◆CRMとトヨタ生産方式

ここでは、CRMとトヨタ生産方式の理解を深めるために、それぞれの基本となる考え方を比較してみたい。

図3-13は、それぞれの考え方の基本を比較した図である。CRMの目指すものは「安全運航の達成」である。安全運航を達成するために、コックピット内で得られる利用可能なすべてのリソース（情報、人、機器など）を有効に活用して、最適な意思決定を行い、チームの作業能力を発揮させる、すなわち現場力強化である。「CRM訓練」とは、チームの業務遂行能力を向上させるために、CRMスキルの五大要素であるコミュニケーション、状況認識、意思決定などに関する、手法やテクニックを学び、その有用性に気づいて日常業務に応用するための訓練である。「CRM訓練」では、安全推進に関する新たな知識を教育するの

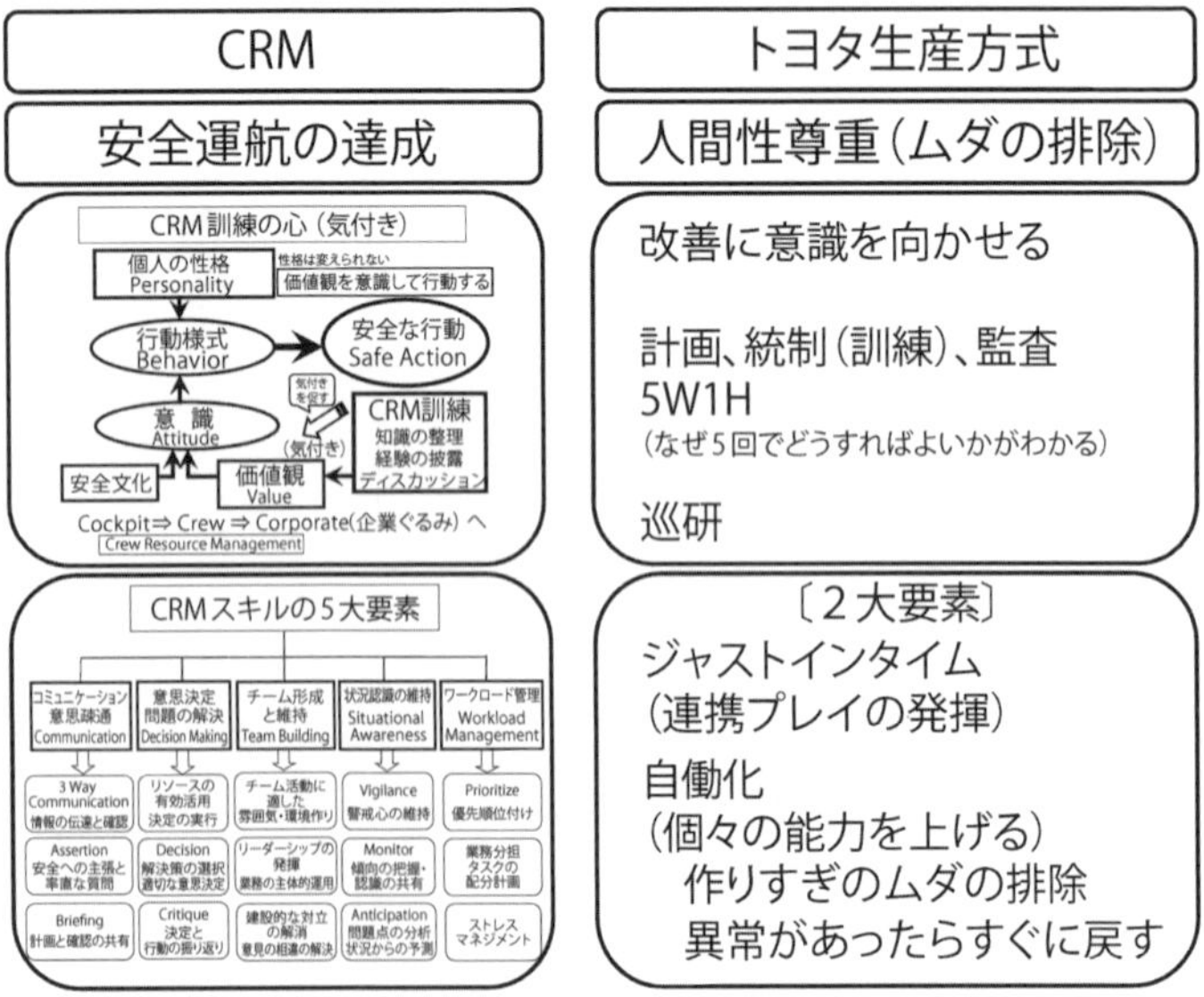

図 3-13

ではなく、安全上重要なCRMスキルに気づかせ、意識を改革することが最大の目的であるとされている。

一方、トヨタ生産方式の基本思想は、人間尊重（ムダの排除）である。その基本思想を貫くのが、二大要素のジャストインタイムと自働化であり、それによって改善に意識を向かせる。ジャストインタイム、自働化の考え方が具体的にどのようなことを実現しているかについては、たとえば図3－13に示すように、ジャストインタイムの仕組みで連携プレイの発揮を促す、自働化の仕組みで個々の能力を上げる、作りすぎのムダの排除、異常の顕在化などが上げられる。

図3－14はトヨタ生産方式のジャストインタイム、自働化の考え方とCRMの五つのカ

CRM ＼ トヨタ生産方式	CRMの15スキル要素				
	Communication	Workload Management	Situation Awareness	Team Building	Decision Making
	3 Way Communication Assertion/ Inquiry Briefing	Prioritize Distribute Stress Management	Vigilance Monitor Anticipation	Conflict Resolution Leadership Climate	Critique Decision Use of Resource
【1】ジャストインタイム					
(1) カンバン	引取り・運搬・生産情報	必要な作業の伝達	作りすぎ、運びすぎの防止 目で見る管理		改善の道具
(2) 標準作業(表)		作業順序 標準手持ち		サイクルタイム (チームワーク)	
(3) 1個流し		外段取り 内段取り	品質モニター	同期化 前後工程の助け合い	
【2】自働化					
(1) バカヨケ		作業者に改善を考える余裕を与える	異常を検出したら止まる		
(2) アンドン	現場からの情報発信	作業者の不満を理解する	見える管理		異常時 ラインストップ
(3) 多工程もち		生産の流れ			多能工化
(4) 少人化		離れ小島を作らない		バトンタッチゾーン	離れ小島を作らない

図 3-14

テゴリー一五の要素を比較し、整理したものである。ジャストインタイムを実現するための仕組みはいろいろあるが、ここでは①カンバン、②標準作業（表）、③一個流しを取り上げる。同じように、自働化については、①バカヨケ、②アンドン、③多工程もち、④少人化を取り上げる。

【注】 カンバン＝何を・どれだけ・いつ生産するか、もしくは運搬するかを示す、自律神経を持った目で見る管理の道具。

標準作業＝決められたサイクルタイムのなかで、繰り返し作業を行うために、作業の順序や標準手持ち（最小の仕掛品）、ならびに作業を行う際の安全に注意する場所や、急所を決めたもの。

一個流し＝一個加工したら次の工程に送る製造方式で、工程間に仕掛品を作らず、一個ずつ流す生産方式。

バカヨケ＝生産工程内で一〇〇％良品をつくるために、工具、取付具にいろいろ工夫して、不良品の発生を未然に防ぐ仕組み。

アンドン＝生産現場に掲げられた「ライン・ストップ表示板」。

多工程もち＝一人の作業者が、旋盤、フライス盤、ボール盤など多数の工程を担当する。

少人化＝生産必要数に応じて何人でも生産できるラインになっていること。

図3-14で示した、トヨタ生産方式の要素とCRMの一五スキルの要素の関係の、一部を抜き出したものを図3-15に示す。

◆まとめ

組織の望ましい形態は、第1章の図1-8に示したCRMの考え方を取り入れ、レジリエンスエンジニアリングが実装された現場である。レジリエンスエンジニアリングを理解するために、事例研究として、CRM、内部統制、トヨタ生産方式の要素を比較するのが有効ではないかと考えた。ここまで述べたように、CRM、内部統制、トヨタ生産方式のなかには、すでに組織がレジリエンスになる要素、ヒントが内蔵されている。いままで関連性がないと考えられていた、それぞれの考え方の基本の要素を比較すると、それぞれの共通性が見え、レジリエンス

トヨタ生産方式の要素		CRMの15のスキル要素
①カンバン	引取り・運搬・生産情報	3 Way Communication
	必要な作業の伝達	Prioritize（優先順位づけ）
	作りすぎ・運びすぎの防止	Vigilance（警戒心の維持）
	改善の道具	Critique（決定と行動の振り返り）
	目で見る管理	Monitor
②標準作業（表）	作業順序（標準手持ち）	Distribute（業務分担）
	サイクルタイム（チームワーク）	Climate（チームの雰囲気作り）
①アンドン	現場からの情報発信	Assertion/Inquiry（主張と質問）
	作業者の不満を理解する	Stress Management
	見える管理	Monitor
	異常時ラインストップ	Decision

図 3-15

エンジニアリング実装のヒントがわかるのではないだろうか。

トヨタ生産方式の生みの親である大野耐一氏が書かれた『トヨタ生産方式』を読むと、随所に、組織をレジリエンスの状態にもっていくために、「自働化」「ジャストインタイム」の二大方針のもと、「カンバン」などの仕組みを作られたのではないかと思われる箇所がある。


ジャストインタイムと自働化で組織の反射神経を鍛える。

カンバンによる微調整機能。微調整機能とは、その計画の進行具合が Go or 一時 Stop なのかを指示するばかりでなく、Stop の場合、なぜ Stop なのか、どう微調整すれば、再び Go になるのかを発見できるようにしてくれるものでなければならない。

チームワークこそすべて。バトンタッチの妙。離れ小島をつくらない（一人だけの仕事を作らない）。

標準とは、生産現場の人間がつくり上げるべきもの。緻密で弾力的なもの。

生産現場では、機械の故障、工程の不具合をいかに防止するかが大切、予防医学が大切。

それを、ジャストインタイムと自働化がサポートする。

自働化―自分で止める。誰でもリーダーシップの発揮。

ジャストインタイム―前後工程への配慮。

一方、内部統制の状況を確認する内部監査も図3-16のような視点で考えるとより効果的な監査ができるのではないだろうか。通常の監査では、左側のネガティブ側の視点の監査が多いかと思うが、右側のポジティブ視点での内部統制・内部監査を実施することにより、組織にレジリエンスエンジニアリングを実装する視点での監査ができるのではないかと考えている。

〈参考文献〉

石橋明『リスクゼロを実現するリーダー学』自由國民社（二〇〇三）
石橋明「航空分野における安全マネジメント手法の他産業分野への応用に関する研究」東北大学大学院工学研究科博士論文（二〇一〇）
大野耐一『トヨタ生産方式』ダイヤモンド社（一九七八）
木村剛『「会計戦略」の発想法』日本実業出版社（二〇〇三）

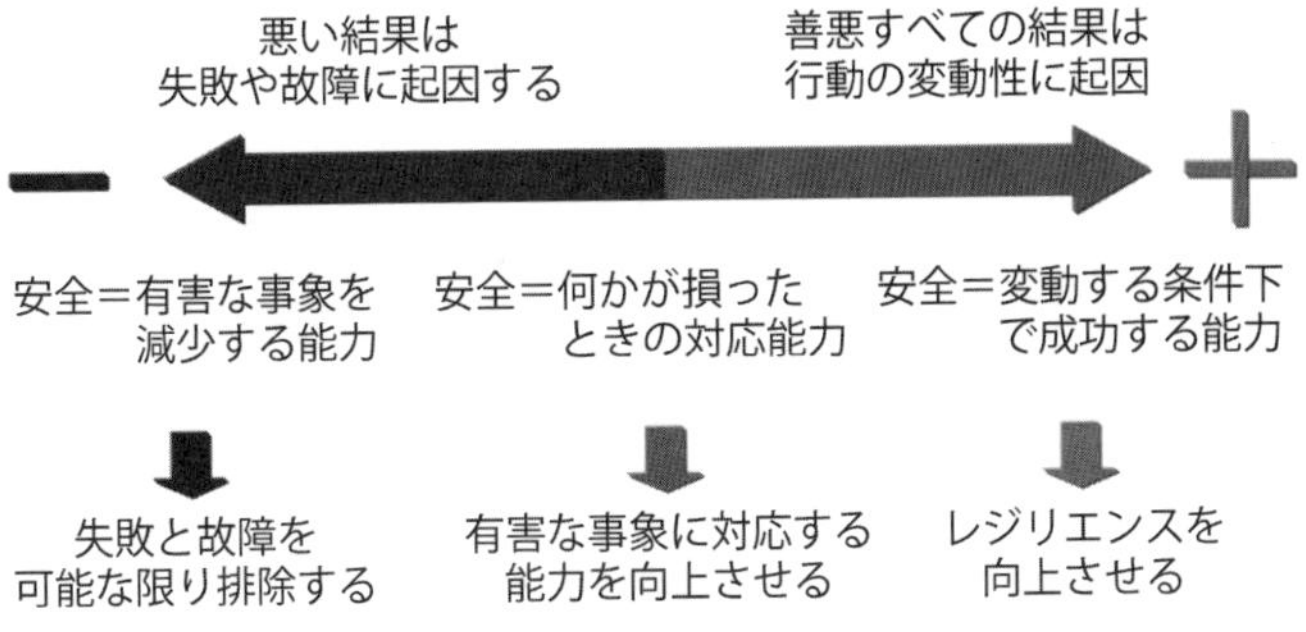

悪い結果は
失敗や故障に起因する
善悪すべての結果は
行動の変動性に起因
－
＋
安全＝有害な事象を
減少する能力
安全＝何かが損った
ときの対応能力
安全＝変動する条件下
で成功する能力
失敗と故障を
可能な限り排除する
有害な事象に対応する
能力を向上させる
レジリエンスを
向上させる

図 3-16　ネガティブ視点からポジティブ視点へ

コーヒーブレーク Threat and Error Management

私が内部監査部で内部統制の統制状況の監査を担当していたときに、CRMの考え方を組織行動分科会で学び、「内部監査」と「CRM」の考え方に共通点があるのではと感じました。

分科会の定例会で、「CRM訓練とは、チームの業務遂行能力を向上させるために、コミュニケーション、状況認識、意思決定などに関する手法やテクニックを学び、その有用性に気づいて、日常業務に応用する研修で、あらゆる分野の管理者を含むすべての関係者の研修である。CRM訓練により、安全文化の価値観を醸成する。訓練を通して気づきの文化を作る」とありました。そのことと、当時、監査業務を通じて自分が感じていたこと、すなわち「いろいろな

Undesired Aircraft Stateに至るThreatとError

	Threat	Error	Undesired Aircraft State
航空の場合	・悪天候	・規則からの意図的な逸脱	・パスからの逸脱
	・機体の不具合事項	・手順を遵守したが誤った実施	・速度の逸脱
	・劣悪な空港施設	・コミュニケーション不足誤った解釈	・不安定な侵入
	・アブノーマル運航	・知識不足によるエラー	・過度な機体の操作
	・管制の問題やエラー	・不適切な意思決定	・不適切な着陸
内部統制の場合	・期末、膨大な廃棄処理	・コミュニケーション不足による誤ったデータでの処理	・会計処理ミス
	・排水問題の情報管理	・不適切な意思決定	・行政への届出遅れ
	・発注管理の問題	・意図的逸脱、コミュニケーション不足	・ものの紛失
	・多残業管理の問題	・不適切な意思決定	・法令違反
	・法令改正	・知識不足による対応エラー	・法令違反

不祥事の原因を、内部統制の不備として捉えるのではなく、前の段階の統制が形骸化・陳腐化することに着目した視点で捉えられないか」に類似点があるのではないかと気がつきました。

また、そのとき、右頁に示した「Threat and Error Management」の図の説明がありました。最新のCRM訓練では、Undesired Aircraft Stateにならないように、その前段のError、Threat状態で対策を打つように考えられていると伺いました。そこで、同じような考え方が内部統制の統制状況を監査する、内部監査の場合にもできるのではないかと気がつきました。

内部統制の場合も法令違反などのUndesired Stateがあり、その状態に至る前段の事象がありま す。たとえば、会計処理ミスにつながる期末間際の膨大な廃棄処理、法令違反につながる法改正情報の知識不足などです。

内部監査を通じて、Undesired Stateの前段の事象で注意を喚起するようにできないかと考えていたので、CRMの考え方を内部統制の統制状況を確認する内部監査に展開すると、いままで気づかなかった視点での監査ができるのではないかと考えるようになりました。

3 ITとCRM

筆者は、リーマンショック以降、情報セキュリティ事故とその防止のためにCRM（Crew Resource Management）の観点を導入できないかや、電力と情報通信の融合であるスマートグリッドの我が国での普及はどうあるべきかなどについて、仕事とは離れていろいろ考えていた。そして、空前の規模の通信障害が発生した東日本大震災の日を迎えた。ここでは、これらの視点で、ITとCRMについて考えてみたい。事例やシナリオは、読者のみなさんが他人事として読み飛ばさないように、「これってウチの職場でもあるよね！　あるある！」というようなヒヤリハットなケースを中心に、図と疑問形を多用している。現実の現場には模範解答などない場合もたくさんある。どうぞ時々立ち止まり、その現場にいるつもりになって、「私ならどうするだろうか？」と、あなたご自身で解決策を考える機会を作ってほしい。

◆ITと情報セキュリティ

ITとは「情報技術」（Information Technology）の略である。最近はICT「情報通信技術」（Information Communication Technology）と呼ぶようにもなり、コンピュータと通信が一体となった現代社会インフラを構成する重要な技術である。このITにトラブルが発生すると、さまざまな分野に障害が発生し、業務が止まってしまうこともある。また、顧客情報などの機密情報の漏洩は、社会的信頼を大きく失墜させるものでもある。

ここでは、ITの分野に特徴的な事故である「情報セキュリティ事故」と、その事故を防ぐための取り組みである「ISMS（情報セキュリティマネジメントシステム）」を概観し、「情報セキュリティ教育」のなかにCRMの視点を取り入れるための「CRM訓練」とそのシナリオを考えてみる。最後に、過酷な災害事例として、通信分野における東日本大震災の被災状況と、大震災時でも利用できる通信ネットワークついて考えてみることにする。

◆ITと「情報セキュリティ事故」

ITの分野では「情報セキュリティ」という考え方があり、日本工業規格（JIS）では「情報の機密性、完全性及び可用性を維持すること」(JIS Q 2702:2006) と定義している。そして

・機密性＝情報へのアクセスを許可された人だけが情報を使うことができるようにすること
・完全性＝情報および情報の処理方法が正確であり、完全であるようにすること
・可用性＝情報へのアクセスを許可された利用者が、必要なときはいつでも情報や情報システムにアクセスできるようにすること

の三つを「情報セキュリティの三要素」と呼ぶ（参考文献2）。この「情報セキュリティ」上の脅威から守るべき資産を「情報資産」といい、「情報セキュリティ」が破られてしまった状態を「情報セキュリティ事故」と呼ぶこともある。

つぎのことを想像してみてほしい。

・顧客リストがインターネット上に公開されてしまった。（機密性）

・共有フォルダのファイルを誤って上書きして、内容を一部書き換えてしまった。（完全性）

・突然、職場のパソコンでEメールの送受信ができなくなった（図3-17）。（可用性）

IT関連の事故は

（A）情報セキュリティ事故

（B）右記以外のトラブル（IT機器の設置工事の際に起こる感電事故や転落事故など）

図3-17　電子メールは便利だけど……

（C） AとBが複合したトラブル（ITを利用した詐欺、学校裏サイトでの子どものトラブルなど）に分けて考えるとわかりやすいかもしれない。

◆ISMS（情報セキュリティマネジメントシステム）とPDCAサイクル

ISMS（Information Security Management System）は情報の取り扱いについてのルールであり、「情報セキュリティ」について全組織的に取り組むための管理システムで、世界的にも標準化が進んでいる。ISOなどではISO/IEC27000シリーズとして、また、我が国では日本工業規格が「JIS Q 27001」および「JIS Q 27002」で標準化している。ISMSは、情報資産の管理方法、PDCAサイクルの回し方、ISMSの構築・運用時の第三者認証などを規定しており、情報通信関係の企業を中心に普及が進んでいる。最近では、名刺にISMS認定マークを印刷している会社も出てきている。

ISMSでは

・情報セキュリティ委員会などの管理体制の構築
・情報セキュリティポリシーの策定
・情報資産の棚卸と管理者の決定
・情報資産のリスク分析とリスクマネジメント
・事業継続計画（BCP）などの緊急時対応計画の策定

・情報セキュリティ教育
・内部監査や外部監査によるISMSの維持
などを実施して「情報セキュリティ」を維持し続ける。
〔**事例1**〕技術担当から、依頼した「社外秘資料」の添付ファイルがある返信メールが届きました。ところが、メールの宛先に取引先担当者のメールアドレスが含まれていて、「社外秘資料」が外部に流出していました。

◆情報セキュリティと組織行動

ISMSなど情報セキュリティの社内ルールをトップダウン的に決めると、現場のいままでの運用と差異が生じて、原理原則と現場での判断のズレ、職場の人間関係など、組織行動の問題が顕在化してくる。たとえば、コンピュータウイルスの感染や情報漏洩を防ぐため、「業務用PCにUSBメモリを接続してはいけない」というルールを策定したとする。販売店に来店したお客様が「先日購入した商品が故障した。このUSBメモリに故障の様子を撮影した写真が入っている。お店のパソコンで写真を見てほしい」と言われた場合、販売員はどうするだろうか。以前は、お店のパソコンで自由にUSBメモリを利用していたので、販売員は、パソコンにUSBメモリを挿す許可を忙しい店長にもらっていいものか悩んでいるかもしれない（図3-18）。ISMSは、CRM訓練を導入することで、現場で起きがちな問題を顕わにし、その解決策を見いだし、予防措置を施すことも期待できる。

〔**事例2**〕金曜夜、週明け提出の書類作成が間に合いそうにないので、USBメモリにデータを入れて持ち帰り、自宅のパソコンで作業を続けました。ところが息子が無断でファイル交換ソフトをパソコンにインストールしていて、さらに、ウイルス検索ソフトにひっかからない最新の暴露ウイルスに感染していたため、機密情報を含むファイルが世界中に流出してしまいました。

◆「情報セキュリティ教育」と「CRM訓練」

ISMSでは「情報セキュリティ教育」を実施し、情報セキュリティポリシーや関連規定を周知徹底し、さまざまな事例を通してPDCAサイクルを回し、より良いセキュリティシステムを構築していく。資料を読むだけでは身につかない内容もあるので、ロールプレイなどの訓練を通じ

図3-18　業務用パソコンにUSBメモリの接続が禁止されたら

て「身体で覚える」ことも大切である。毎年一〇月一日前後には、大掛かりな防災訓練を実施する職場も多いので、そのときには「CRM訓練」も実施してみてはどうだろうか（図3-19）。

航空機の「CRM訓練」では「LOFT」というコンピュータシミュレーションの訓練装置を使い、訓練シナリオを教えない「ブラインド訓練」を行うが、普通の職場では業務のシミュレーション装置などはない。そこで、ロールプレイで「ブラインド訓練」を行うのはどうだろう。その際に「CRMスキルの五大要素」（①コミュニケーション、②意思決定、③チーム形成と維持、④状況認識の維持、⑤ワークロード管理）に留意した訓練シナリオを作成して実施し、ディスカッションしてみよう（図3-9参照）。そのシナリオの例を考えてみた（参考文献3を参考にさせていただいた）。

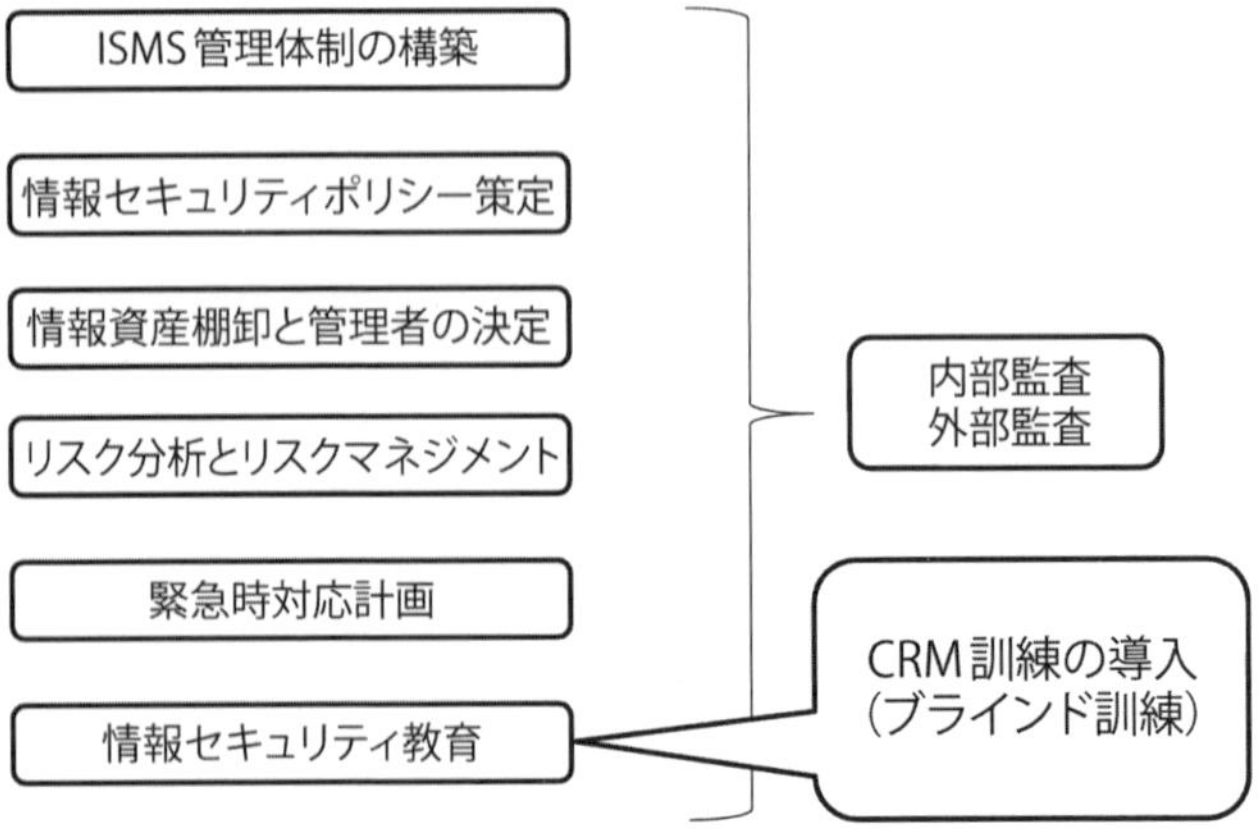

図3-19　ISMSとCRM訓練

〔シナリオ1〕部下から、業務用スマートフォンが盗難にあってしまった、という電話がありました。盗まれたスマートフォンには社内宛てメールを自動転送していました。また、社内イントラネットに接続できるようになっていました。社内ルールに従い部下に指示を出します。部下は相当焦っている様子で、指示を理解しているか疑問を感じました。他人の話を聞く余裕のない人に、うまく話を伝えるにはどうしたらいいのでしょうか。（①コミュニケーション—情報の伝達と確認—情報が相手に正しく伝わっているか確認すること）

〔シナリオ2〕カラープリンターが故障して動かなくなりました（図3-20）。三〇分後に始まる会議の資料が印刷できません。あなたはどのように対処しますか？（②意思決定—解決策の選択—会議を開催するのに譲ることのできない最低線を確立

図 3-20　コピー機が故障したとき、あなたはどうしますか？

すること。チームメンバーの意見を活用すること〕

〔シナリオ3〕仕事に厳格で、しかも部下の意見に耳を貸さない、いわゆるマッチョな管理職が利用しているパソコンのディスプレイに、IDとパスワードが記載してある付箋が貼ってあります。社内規定に違反していますが、誰も指摘しません。来週ISMSの社内監査があります。情報担当のあなたはどうしますか？（③チーム形成・維持―意見の相違の解決―意見の相違を感情の対立に発展させないこと）

〔シナリオ4〕日本国内で、猛毒性の新型インフルエンザパンデミックが発生し、管理職以外は自宅待機することになりました。あなたはどうやって職場の人間や取引先などの関係者と連絡を取り、業務の状況を把握しますか？（④状況認識の維持―問題点の分析―あらゆるリソースを活用して情報を集めること）

〔シナリオ5〕南海トラフ大地震が発生し、東日本大震災を上回る巨大津波が西日本を襲いました。幸い西日本の支店や工場は無事でしたが、大地震と大津波で太平洋に面した発電所がいくつも停止し、広域停電が発生しました。本社と現地を結ぶ通信回線が途絶え、復旧の目途がたちません。停電が長期にわたることを前提に、通信回線の復旧時期を想定し、それまで誰が何をどうすべきなのか優先順位づけした工程表を作成してください。（⑤ワークロード管理―優先順位づけ―時間の制限とタスクの量を考慮に入れて優先順位を決定すること）

◆東日本大震災にみる「情報セキュリティ事故」と「電源喪失」

東日本大震災はＩＴの分野、とりわけ通信インフラに多大なる損害を与えた。固定系通信回線は約一九〇万回線が被災し、携帯電話基地局では二万九〇〇〇局（ＰＨＳ含む）が停止した。しかし、各社の絶え間ない復旧作業の結果、一部エリアを除き四月末までには復旧した。

通信障害は、物理的障害（地震と津波による「電源喪失」、端末機器の損壊と紛失、海底ケーブルを含めた伝送路や中継系の損壊とそれらの組み合わせ）と、多数の安否確認による通信回線の輻輳および発信規制があった。その結果、電話やデータ通信ができなくなり、全国規模で「情報セキュリティ」の「可用性」が損なわれてしまった（図３-21）。

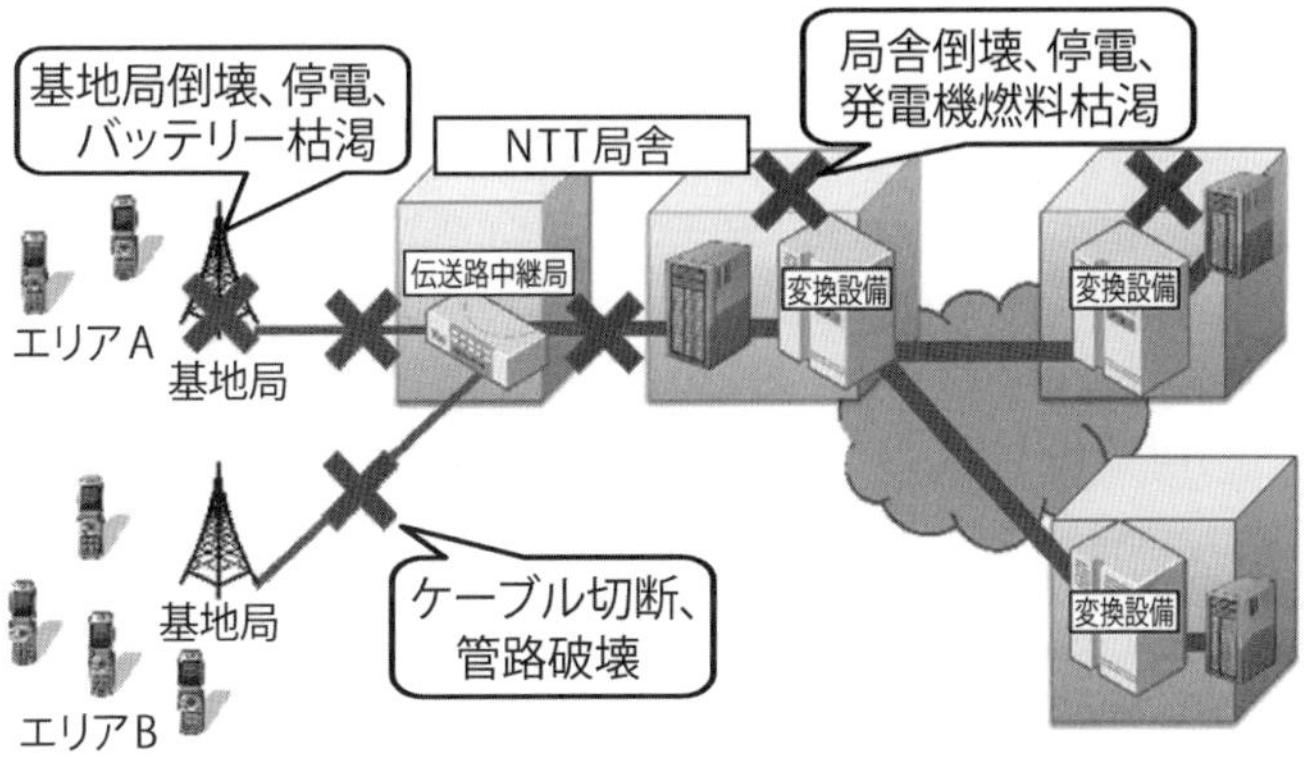

図 3-21　携帯電話ネットワークの被災箇所（東日本大震災）
（出典：総務省「平成23年度版 情報通信白書」※一部、筆者による変更あり）

火力発電所、原子力発電所、変電設備、送電設備などの電力インフラを襲った地震や津波は、長期間にわたり広いエリアで停電を引き起こした。東京電力福島第一原子力発電所の事故も、東北電力からの商用電源の停電がきっかけであった。

「電源喪失」は、通信回線に多大な影響を与える。通信回線は、光ファイバーやメタルケーブルなどの伝送路が生きていても、停電によりその両端の通信機器が動かなければ、なんの役にも立たない。バックアップ電源があっても、停電が長期間続くと、バッテリーや燃料が枯渇して「電源喪失」に至る。

携帯電話基地局の場合、停電のアラームを出してしばらくしてから通信できなくなった基地局は、電源さえ復旧すればすぐに復旧できる可能性が高いと考えられる。一方、避難所や役所などの重要なエリアは、真っ先に通信を確保すべきである。東日本大

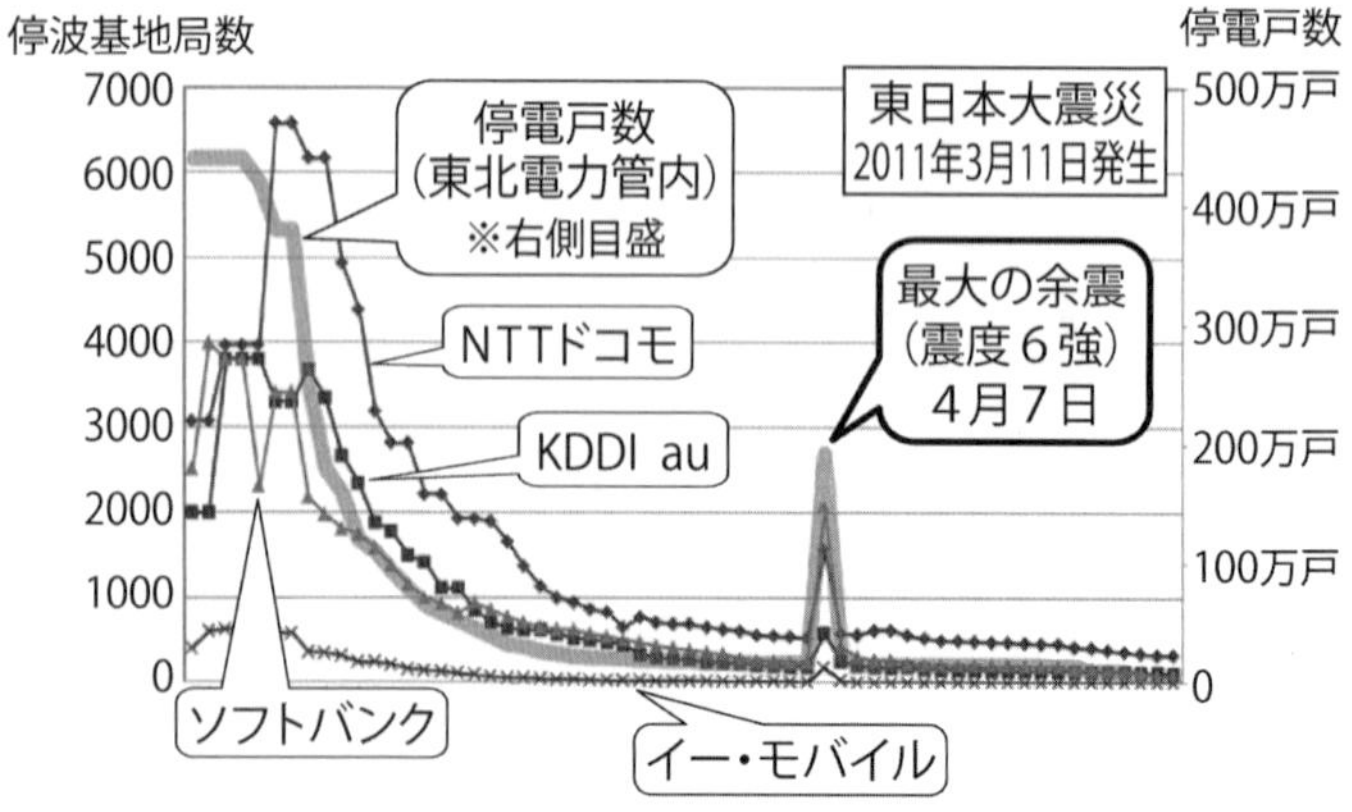

図 3-22　携帯電話基地局の停波局数の推移（東日本大震災）
（出典：総務省「平成23年度版 情報通信白書」※一部、筆者による変更あり）

震災で携帯電話各社は、徹夜続きでかつ情報の錯綜するなかで、全国に配備している携帯電話の移動基地局や発電機、衛星通信装置などの限られたリソースを、どの順番でどの被災地に手配するかの判断を迫られたことだろう（図3-22）。緊急時は正しい順番というものはないのかもしれない。日頃から「CRMスキルの五大要素」に留意した訓練を行うことで、被災した際にも、みんなが協力し合い、組織の最大のパフォーマンスが引き出せるようになれば幸いである。

〔**事例3**〕震災後に始まった停電はすでに一週間を超えて、電話回線も携帯電話もつながりません。救援物資として被災地に送られてきた新品のラジオは単一乾電池二本で動作するものでした。しかし、手元には携帯電話の予備電源用の単三乾電池は何本かあるものの、単一乾電池はありません。あなたならどうしますか？

ITの復旧には、電源と通信回線の確保、この二つがカギだといえる。少々高くつくが、太陽光発電などの再生エネルギーと、災害時でも利用できる衛星回線の組み合わせも検討されたらいかがだろうか。

◆災害に強い情報通信システム

大震災時の通信手段は、近未来的には「成層圏プラットフォーム」（図3-23）という通信ネットワークシステムを実現できれば解決できるのではと思う。これは、日本列島の上空高度約二〇キロメートルの成層圏に、無線基地局を積んだ巨大な無人飛行船を数十機浮かべて静止させ、基地局同士および地上との通信を行うシステムである。大震災時でも通信回線が迅速に確保でき、山間部や島しょ部のデジタルデバイドも一気に解消できる。島が多い東南アジアや通信インフラが整っていない世界各国に展開すれば、地球規模でのレジリエンスなITネットワークシステムが実現できることだろう。資金面や技術面で困難なものもあるかもしれないが、世界有数の地震国である我が国が、その資金と技術を集中的に投入すれば、早期に実現できるプロジェクトなのではないかと思う。もしあなたが内閣総理大臣なら、「成層圏プラットフォーム」に限らず、大震災でも通信ができるレジリエンスなネットワークシステムを実現させることがで

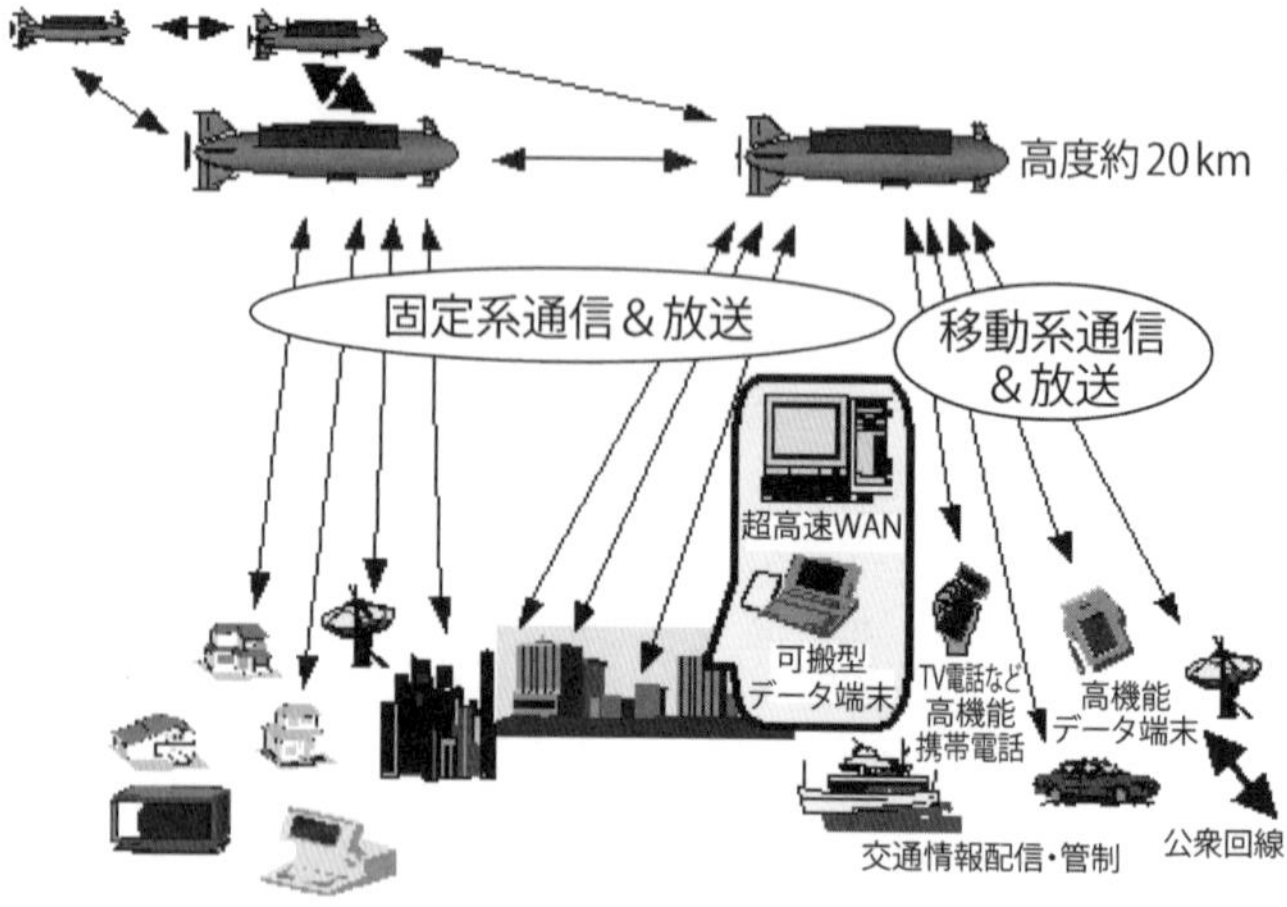

図 3-23　成層圏プラットフォームの概念
（出典：総務省ホームページより　※一部、筆者による変更あり）

きるだろうか？

〈**参考文献**〉

(1) 情報処理推進機構『情報セキュリティ読本―IT時代の危機管理入門（三訂版）』実教出版（二〇〇九）
(2) 情報処理推進機構『情報セキュリティ教本―組織の情報セキュリティ対策実践の手引き（改訂版）』実教出版（二〇〇九）
(3) 宇宙航空研究開発機構（JAXA）「行動指標を用いたCRMスキル計測手法の開発」宇宙航空研究開発機構研究開発報告書（二〇〇九）
(4) 総務省「平成15年版　情報通信白書」（二〇〇三）
(5) 総務省「平成23年版　情報通信白書」（二〇一一）
(6) 情報通信研究機構（NICT）ホームページ「成層圏無線プラットフォーム」
(7) 異業種交流安全研究会『命を支える現場力―安全・安心のために実務者ができること』海文堂出版（二〇一一）
(8) 内閣府中央防災会議「南海トラフの巨大地震による津波高・浸水域等（第二次報告）及び被害想定（第一次報告）について」（二〇一二）

4 クラウドサービスの障害から学ぶ

二〇一一年三月一一日の東日本大震災発生三日後から、クラウドサービス（注1）事業提供各社は、それぞれが実現できる形で、被災者、自治体、企業などを対象に、震災に関連する情報提供、情報伝達を目的に、無償でサービスを提供した（注2）。家族や友人との連絡、震災関連情報の収集のためTwitter（注3）やmixi（注4）、Facebook（注5）をはじめとするSNS（注6）が役立ち、大いに注目された。

震災までは、被災した家族、知人との連絡手段のサービスは災害用伝言サービス（注7）を真っ先に思い浮かべた。企業や学校では、家族との連絡手段のために災害用伝言サービスの活用を指導していた。災害用伝言サービスは、日本国内の電気通信事業者提供のサービスである。

震災後、BCP対策としてITシステムのアウトソーシングやクラウドサービスの利用の注目度が高まった。震災により、財務会計、生産管理などのコアデータの損失、ITシステムの損壊、計画停電によるITシステム停止などが発生し、企業活動に大きな影響を及ぼした。これらへの対策として、短期間で安価に構築できるクラウドサービスのデータのバックアップサービス利用、SaaS（注8）への移行などがある。

情報システムは規模の大小を問わず、多かれ少なかれアウトソーシングを活用している。ハードウェアは、メインフレームからパソコンの時代へ変遷し、コンピュータネットワークは電話網や専用線での通信からインターネット網へと変遷し、社内にメインフレームのような大型コンピュータを大量設置する時代から、コアビジネスへの注力やコスト削減を目的にしたクラウドサービス利用に徐々に変わってきている。また、各省庁ならびに関係団体、自治体もクラウドサービスを利用しており、社会インフラとして重要度が増してきている。

◆クラウドサービスの大規模障害事例

クラウドサービスの重要度が増してきている反面、クラウドサービス上のデータ消失、サービス利用停止、非公開情報の意図しない公開、意図しない者とのデータ共有などの障害事例が近年多く報道されてきている。

以下に二〇一一年、二〇一二年に報道されたクラウドサービスの大規模障害事例を挙げる。

・二〇一一年二月二八日〔A社〕更新したストレージソフトウェアのバグが原因。メールサービスの一部のユーザーのメールやアドレス帳などが消失した。三日後に復旧。

・四月二一日〔B社〕米国東海岸データセンターにてネットワーク増強作業時の設定ミスが原因。これがきっかけでネットワーク障害が発生。この障害により、システム側がデータの複製が消えたと判断して複製の作り直しが多発し、ディスク容量不足が発生し障害が拡大。この影響により、企業向けブログサービス、位置情報サービス、SNS連携サービス、Q&Aサービス、米セールスフォース・ドットコム社提供のPaaS（注9）型サービスのデータベースサーバー利用不可が発生。四日後に復旧。

・五月八日〔C社〕ファイルシステムの不具合による全仮想サーバーへの接続不可。約一週間後、データの復旧と代替サービス提供開始。安定したサービスを提供できないと判断し、当該サービスの販売停止、サービス提供中止。

・一一月九日〔D社〕地方自治体向けクラウド型電子サービスがサイバー攻撃のDoS（サービス不能）攻撃を受けたことが原因。数時間停止。

・二〇一二年六月七日〔E社〕データセンターの電源の一系統のUPS設備内のインバーター短絡発生が原因。サーバーの電源が遮断。冗長化構成されているUPSがすべて停止したため、回避用直送ルートへの切り替えができなかった。銀行数社において、ATMサービス停止、全システム停止などの影響。クラウド上で提供されているオンラインゲーム長時間停止。障害発生から約一六時間後に復旧。

・六月二〇日〔F社〕メンテナンス作業時のプログラムのバグにより約六〇〇〇社のデータが消失。消失したデータの復元作業により他の顧客のデータが混在し、一部顧客の情報流出が発生。結果、データの復元を中止、復元不可能との判断。三日後から順次サービス提供を再開。第三者調査委員会を設置。この事故後、二〇一二年六月二九日付でNISC（内閣官房情報セキュリティセンター）より「レンタルサーバ業者におけるデータ消失事象について（注意喚起）」が発表された。これは、各府省庁などの情報セキュリティ担当課室長に宛てたものである。

・六月一四日〔B社〕バージニア州北部のデータセンターにてプライマリ高圧電源配電システムのケーブルに障害発生。プライマリ、バックアップ、セカンダリの電源喪失によりシステムダウン。約二時間後に復旧。

・六月二九日〔B社〕バージニア州北部での暴風雨により停電したことが原因。約七時間後に復旧。

・一〇月二二日〔B社〕バージニア州北部のデータセンターにてストレージサーバー内の潜在バグにより障害発生。約七時間後に復旧。

・一〇月二六日〔A社〕データセンターの一か所でトラフィックルータ群の負荷が増大し限界値を突破したことがきっかけ。ルータの負荷が全データセンターへ拡大した。約七時間後に復旧。データ消失なし。

◆F社第三者調査委員会報告書からの考察

前述のようなクラウドサービスの大規模障害の発生時に、サービス提供事業者側からサービス利用者側に迅速に障害連絡がなされることは少ない。サービス利用者側が不具合を感じ、サービス事業者側のヘルプデスクに問い合わせをしたり、事業者側の障害サイトにアクセスして障害情報を知る場合が多い。事業者側の障害についての連絡方法、状況報告の内容は、利用者側が感じた不満や被った不利益に比べ、利用者の納得がいくものはなかなかないように思われる。障害について時系列で詳細な状況報告や連絡などの情報開示が十分になされていない場合は多い。

前述の二〇一二年六月二〇日に発生した約六〇〇〇社のデータが消失した事故については、クラウドサービス事業提供者が、専門的および客観的な見地からの原因調査や再発防止策などの策定が必要と判断し第三者調査委員会を設置した。当該事業者がこの調査委員会からの調査報告書を二〇一二年七月三一日に受理したと発表している。第三者調査委員会の調査報告書（最終報告書）は、当該事業者のサイトにて要約版が公開されている。公開されている要約版の報告書をもとに、事故について考察する。

事故の概要

事故は、大別して二件の事故に分けられている。

一件目の事故は、二〇一二年六月二〇日午後五時ころに、メール障害解消のためのメンテナンスにより、顧客の大量データが消失したという事故である。以下、第一事故という。

二件目の事故は、翌二一日午前九時ころに、第一事故によって消失した大量のデータを復元しようとしたところ、想定した以上の量のデータが想定外の場所に復元された事故である。以下、第二事故という。

ここでは、第一事故についてのみ扱うこととする。

第一事故の作業範囲に対する社内マニュアル

報告書に明記されている社内マニュアルに基づいて作業手順を以下にまとめた。

担当者	処理	上長
更新プログラムを作成		
検証環境下にて対象サーバー群にて更新プログラム実行	検証環境下にて対象サーバー群にて更新プログラム実行	
検証環境下において不具合なしであることを確認		
上長に先行ユーザーに対する更新プログラムの適用許可を申請		

		検証環境下の結果をチェックして問題なしと判断
		先行ユーザーに対する適用を許可する
配布システムを利用して、先行ユーザーに対する更新プログラムの適用	配布システムにより先行ユーザーに更新プログラムが送信され実行	
不具合がないことをチェック		
配布システムを利用して、対象サーバー群に送付して更新プログラムを実行する	配布システムにより対象サーバー群に更新プログラムが送信され実行。ただし、プライマリディスクにのみ適用	
	毎日六時三〇分に自動的にプライマリディスクからバックアップディスクにコピーされる	

第一　事故の発生順序と社内マニュアルとの比較

報告書に基づいて、事故の発生順序を記す。

時間	担当者A	処理	上長	備考
六月二〇日一七時ころ	①更新プログラムを作成した			過去に自作した更新プログラムを改変して更新プログラムを作成した。過去に記述していた、対象外サーバー群についてファイルの削除コマンドが残っていた
	②検証環境下にて対象サーバー群にて更新プログラム実行した	検証環境下にて対象サーバー群にて更新プログラム実行		
	③検証環境下において不具合なし			

	であることを確認した			
	④対象サーバー群、対象外サーバー群に送付して更新プログラムを実行した	対象サーバー群、対象外サーバー群に更新プログラムが送信され実行。プライマリディスク、バックアップディスクを同時に更新。対象外サーバー群のデータがプライマリとバックアップの両方とも消失した		
六月二〇日一七時一四分ころ	⑤異常に気づき、更新プログラムを緊急停止	監視システムによるアラート発生		

事故時の作業手順と社内マニュアルの手順とを比較して以下のことが明らかになった。

（1）　③の作業後に行う手順となっている、上長への先行ユーザーに対する更新プログラムの適用の許可申請と、先行ユーザーへの更新プログラムの適用、その結果の確認、の手順が省略されたこと

（2）④の作業において、配布システムを利用する手順となっているところを利用しておらず、担当者Aが作成した独自プログラムを使ったこと

（1）の手順が省略された理由についての概要を記す。

（ア）上長への先行ユーザーに対する更新プログラムの適用の許可申請を省略した理由
担当者Aは、上長が会議中であったため、許可申請をしようとしたがすぐに許可を取ることができなかった。しかしながら、以下の理由から、上長の許可を得ずに本番のシステム更新を行ってよいものと判断した。
・前日に、上長にメンテナンス実施予定であることを報告していた
・メンテナンスの内容が、メールシステムの障害を防止するために空ファイルを対象サーバー群に作成するものであり、それ自体はリスクが低い作業であったこと

（イ）先行ユーザーへの更新プログラムの適用とその結果の確認を省略した理由
・今回のメンテナンス作業が簡単かつリスクが低い

（2）の独自プログラムの利用についての概要を記す。

（ア）担当者Aが独自方式でのメンテナンスを一〇年前から行ってきたが、第一事故以前は重大な事故はなかったこと

（イ）　社内マニュアルを故意に無視し、上長も是認してきたこと

比較した結果から推測できること

上長からの作業許可の省略については、この事故に限らず、普段から行われていたのではないかと推測できる。経験上、担当者任せにしていると、結果オーライで、事後報告になることがままある。ひどい場合になると、作業予告もなく、作業直後に小さな事故で発覚しなければ、事後報告すらないこともある。時間がたってから思わぬときにシステム障害が起こることがあり、関係者が青くなったりすることもある。

「担当者Aが、約一〇年前から独自方式でメンテナンスを行ってきたにもかかわらず、第一事故以前は重大な事故はなかった」と報告書にあるが、文面からは独自方式により小さな事故があった可能性が推測できる。小さな事故が部署内で共有される体制でなかったように思われる。

作業者以外に作業の妥当性、結果のチェック体制は確立されていなかったのではないだろうか。作業を確実にクローズさせるためには、作業者以外によるチェックが必要である。作業者のみでは思い込みが出るからである。

メンテナンス実施にいたるまでのプロセスはどのようだったのだろうか。「メールシステム障害」と判断された事象の確認、事象に基づいた障害解消をするための情報収集、メンテナンス作業

の方針の決定、作業内容の検討、テスト環境、本番環境への影響度の検討、切り戻し作業についての検討などはどのようにしてきたのだろうか。どんな小さな作業であっても、作業を失敗したときに備えて切り戻しの準備は必要である。失敗したときに元に戻せなくなったり、戻すまでに大いに時間がかかり、意外と業務に大きな影響を生じることに発展したりするものである。

メンテナンス作業について、上長から担当者への作業指示はなされたのだろうか。担当者から上長に相談、提案がなされてきただけではないだろうか。上長がわからない、その業務に関心を持たないで、流していることもよくある。何らかの理由で作業が遅れ、サービス停止になり、業務への大きな障害に発展してみて初めて、上長も経営者も重要性を認識する、ということもよくある。

◆まとめ

コンピュータシステムのメンテナンス業務は、チームで作業方針、概要を決めた後は、詳細は担当者任せになりやすく、担当者以外の者が自動化したプログラムのコマンドレベルまでの細かいチェックをする、ということはなかなかしずらい。

クラウドサービスのように複雑化したシステムでメンテナンスを実施する場合は、何段階も検討をしてからということになる。一人でできる作業ではない。

第三者委員会を設置した事業者の場合、「一人で作業をさせていたこと」自体に問題があった。

一人が確実に作業をしていれば、目先の人件費は十分抑えることができる。しかしながらシステム停止、セキュリティ事故などのリスク、属人的になってしまい担当者がいなくなってしまったときのシステム停止から業務停止となってしまうリスクなど、経営者として考えるべき課題が潜む。担当者Aも「一人で作業をしていた」ことでヒヤッとしたりハッとしたことがあったときに、一人で作業をすることはおかしい、と気が付いていたのではないだろうか。何らかの理由で一人で作業をしてしまっていることを声に出せなかったのかもしれない。経営者が重要な業務を扱っている部署に経営資源を回さないことが根本原因である。小さな事故が顕在化したら手を打てばいい、ということがよくある。関係者の誰かが予測して進言しても、コストがかかるという理由を盾に経営者はなかなか手を打たなかったのかもしれない。

報告書には、事故の報告だけでなく、再発防止策についても明言されている。事故によりISMSが二〇一二年八月に一時停止となったが、再発防止策が妥当かつ有効であり、適切に実施されていることから、認証の一時停止は同年一〇月に解除された。

クラウドサービスの利用は、クラウドサービス事業者に経営資源である企業情報を預けていることとなり、銀行に資金を託しているのと似ている。クラウドサービス事業者側に起因する提供サービス障害や停止、サービス事業者の倒産などのトラブルが発生すると、利用者側へのインパクトは大きい。サービス事業者側の感性では自社の経営に影響しない単なるサービス障害に過ぎないと思っていることが、利用者側にとっては経営危機となる可能性もあり、リスクを回避するためのクラウドサービスの利用が、大きなリスクを背負い込むことになる。

海外のサービスでの事故事例が多いが、利用者数が事例に比例して圧倒的に多いと思われる。大手の国内のクラウドサービス事業者のサービス品質は決して低いわけではないので、障害事例を生かして世界に通用するサービスとなってほしいと願うばかりである。

(注1) クラウドコンピューティングを「共有化されたコンピュータリソース（サーバ、ストレージ、アプリケーション等）について、利用者の要求に応じて適宜・適切に配分し、ネットワークを通じて提供することを可能とする情報処理形態」と定義し、クラウドサービスをネットワークサービスの一つとして取り扱う。（経済産業省 商務情報政策局情報セキュリティ政策室担当 平成二三年四月一日（金）公表「クラウドサービス利用のための情報セキュリティマネジメントガイドライン」からの抜粋）

(注2) 参考資料＝独立行政法人情報処理推進機構（IPA）「二〇一一年東日本大震災に際して提供されたクラウドサービスの事例」http://www. ipa. go. jp/security/cloud/cloud_sinsai_jirei_list_V1. pdf

(注3) Twitter（ツイッター）とは、一四〇文字以内の短い投稿（ツイート）を入力して、利用者間で共有するサービス。本社は米国。日本ではTwitter Japan株式会社が運営。無償提供。匿名可能。

(注4) mixi（ミクシィ）とは、日記やつぶやき、写真を友人と共有しコミュニケーションを図るサービス。株式会社ミクシィが運営。無償提供。匿名可能。

(注5) Facebook（フェイスブック）とは、日記や写真を友人と共有しコミュニケーションを図るサービス。米国本社のフェイスブック株式会社が運営。実名登録制。

(注6) SNS（エスエヌエス、ソーシャルネットワーキングサービス）とは、人と人とのつながりを目的にしたコミ

ュニケーションサービス。オンラインサービス上で社会的ネットワークが構築される。

（注7）災害用伝言サービスとは、大規模災害発生後に家族や知人間で安否確認や避難場所の連絡などを行えるように電気通信事業者が提供しているサービスである。災害が発生した際に開設される。

参考サイト＝総務省「災害用伝言サービス」

http://www.soumu.go.jp/menu_seisaku/ictseisaku/net_anzen/hijyo/dengon.html

社団法人電気通信事業者協会「災害時の電話利用方法」

http://www.tca.or.jp/information/disaster.html

（注8）SaaS（サーズ）とは、クラウドコンピューティング上でソフトウェアを提供するサービス。Software as a Service の略。

（注9）PaaS（パースまたはパーズ）とは、クラウドコンピューティング上でハードウェア、OSなどの基盤をインターネット経由で提供するサービス。Platform as a Service の略。

コーヒーブレーク　東日本大震災時のクラウドサービスの無償提供

東日本大震災発生後から、クラウドサービス事業提供各社が、被災者、被災した自治体、企業、救援・支援にあたる行政やボランティア組織に対して、安否確認、情報共有、行政情報発信や被災者支援の情報基盤の用途に多岐にわたる無償のクラウドサービスを提供しました。（注）

災害時にサービスを継続して提供するためのアクションプランを各社が独自に持っていますが、

今回のようなクラウドサービス事業者各社の独自の判断による無償提供はいまだかつて類を見ません。被災地での通信事業者の活動といえば、移動基地局を出動させたり、衛星電話を設置して安否確認の連絡ができるようにする、というのが容易に思いつくものです。東日本大震災時には、NTT東日本が無料インターネット接続コーナーを設置しました。連絡・情報収集手段としてインターネットが有効なインフラとなっていることがわかります。

平常時のクラウドサービスの無償提供といえば、サービス導入検討中のユーザーに向けた短期間のトライアルが思いつきます。トライアルなので、小規模利用です。

Googleは、東日本大震災に関する災害関連情報を集めた特設サイト「CrisisResponse」を提供しました。同サービスは二〇〇五年にハリケーン「カトリーナ」が米国を襲った際に、被災者とその周辺が必要な情報をつねに取得できるように提供を開始し、専用のサービスチームを配置することで二四時間体制での対応を可能にしています。震災発生から二時間後には同サービスの日本語版を公開し、被災者の消息情報の検索機能を持つ「パーソンファインダー」の利用を可能にしました。米国内に起きた経験を生かし、企業として世界中の災害に対応し貢献しています。

日本IBMは、地方公共団体、社会貢献活動や慈善活動を行う非営利団体などを対象に、復旧・復興支援を目的として、①海外のクラウド・データセンターを利用し必要なサーバー資源を無償提供、②情報共有やメール機能を無償提供しました。震災の二日後の三月一三日に無償提供の発表を行いました。その翌日には岩手県のＷＥＢサイト制作会社ＨＯＰＳからのメールによる申し込みを受けて、日本ＩＢＭ担当者がＨＯＰＳ担当者に電話にて直接連絡をとり、内容の確認を行っています。そして、緊急性を考慮して、通常のプロセスを省略し、たった五分でサービスを提供したのです。その後ＨＯＰＳ側は、クラウドサービス上のＷＥＢ上に安否情報を提供しました。

クラウドサービス事業者のトップが、各種災害に関する情報をもとに判断して、現場ですぐに展開され、サービスが提供されました。現場において必要な情報・サービスを安定かつ継続的に提供することに使命感を持ち、迅速、柔軟に対応した素晴らしい事例です。

sinsai.infoは、震災にかかわる草の根の情報に地理情報を付加して集約し、現地ボランティアや自衛隊、他国からの救助隊による現地救援や復旧・復興を後方支援するシステムです。クラウド技術の利用やオープンソースソフトウェアを活用することで、データ数、参加者、トランザクション数など、過去に例のない規模での開発を実現しました。震災後四時間で稼働開始、一万二〇〇〇超の記事投稿、最初の一か月で一二〇万超のページビューを記録するなど、災害救援対策へ多大な貢献をするとともに、災害時におけるシステム活用の有用性を示すなど、我が国の情報化の促進に多大な貢献をしました。

これはAmazonのクラウドサービス上で展開されました。ＩＴエンジニアのボランティア集団で活動が始まり、システムは個人サーバーで立ち上がり、ベンチャー企業のサーバーに移行し、アクセス集中への対応としてAmazonの無償提供サービスに移行しました。参加者の自発的な共同作業でシステムは構築されました。このシステムは、経済産業省の平成二三年度情報化促進貢献情報処理システム推進会議議長表彰を受けました。

（注）参考資料＝独立行政法人情報処理推進機構（ＩＰＡ）「二〇一一年東日本大震災に際して提供されたクラウドサービスの事例」

5 「推理シナリオ法」による事故からの学び方—システムダウンの落とし穴

情報システム事故の社会的なインパクトが強大化しているが、刑事事件になりにくく司法の判例的な公的なエビデンスも少ない。エビデンスの少ない情報システム事故から学ぶ方法として、専門家の推理を活用するシナリオ法を提案し解説する。

実際に起きた事故に関するエビデンスを、情報化時代の多様な情報源から入手し、それを筆者の専門分野である、情報・通信システム開発、プロジェクトマネジメント、リスクマネジメント、失敗と組織行動学の視点で関連性を吟味し、事故の背景や動機的な原因を組織行動学の見地で推理し、「事故からの学び」を抽出することを試みた。

◆事故の概要

事故の5W1H

二〇〇三年三月一日七時〇分、東京航空交通管制部のＦＤＰ（詳しくは後述）のコンピュータがダウンした。札幌、東京、福岡、那覇の航空管制部で、航空管制ができなくなり、全国の航空ダイヤが終日混乱し、一六〇〇便以上が欠航し、二七万人以上が影響を受けた。同日一時〇分からＦＤＰのプログラムの更新作業をしていた七時〇分に、定刻動作するソフトウェアが動作すると両系のコンピュータがダウンした。

直接原因は、コンピュータ内のデータの位置を変更し七時〇分にこれを読むとき、データの読み込み範囲の異常をコンピュータが感じ、片系のコンピュータをダウンさせたが、データ領域が共通だったので、待機系のコンピュータも同じ理由でダウンした。

事故システムの概要

事故を起こしたのは、埼玉県所沢市にある、国土交通省東京航空交通管制部（東京管制部）の管制システムの一つ、飛行計画情報処理システムＦＤＰ（Flight Data Processing system）と呼ばれている装置。所沢の東京管制部のＦＤＰは、沖縄を除く、日本全域の航空機の運航に関する情報（フライト計画など）を集中管理しており、全国の二六か所の管制所（空港管制室）に航空機の運航計画などに関する情報を送信する。

◆事故分析の狙い

事故の特徴

情報システムのソフトウェアに関する事故であり、ハードウェア的な故障はなかった。しかし、事故の影響範囲が広範囲で、一日ではあったが、社会活動を大きく混乱させた。

事故原因の特徴

(1) 航空管制システムは二四時間連続運転の実時間（リアルタイム）情報処理システムであり、システムは二重化されていたが、両系のシステムがダウンした。

(2) このシステムは一九九五年九月の運用開始後、同様の両系システムダウンを二回起こしている。いずれもプログラムの更新中のことであり、教訓が生かされていなかった。（3／2読売新聞）

(3) 大型実時間システムであるが、二か月に一度の割合でプログラム更新をしており、伊丹空港のそばにある緊急バックアップ施設で動作確認を行うことになっていた。（3／2読売新聞）

(4)しかし、今回の改修では二四時間の連続試験を実施せず、さらに問題の七時〇分を挟む動作試験もせず、実時間システムの動作確認の基本動作を逸脱していた。(3／2読売新聞)

推理シナリオ法の特徴

(1)少ないエビデンスを元に、関連分野の複数の専門家の視点で、エビデンス間の関係性を分析し、考察して、シナリオ化することによって「真の原因」の全体像を推理する。

(2)エビデンスは、新聞や業界紙などのメディア情報やホームページの情報などを活用する。

◆推理による事故分析(ここでは、筆者の視点で推理する)

事故分析の視点

(1)プロジェクトマネジメントの視点

・受注時の条件、プロジェクト計画、納入条件、運用終了までの維持・保守計画はどうだったか

・プロジェクト終了後の維持管理、改修作業の予算が少ないことが多いが、どうだったか

・長寿命のシステムでは、世の中の技術トレンドから著しく陳腐化する可能性がある。陳腐化した分野への要員補充が難しく、維持要員の確保はスムーズに行われたか

(2)リスクマネジメントの視点(図3-24)

・プロジェクト開始時の事前リスクの予想と対策はどのように実施したか
・開発中に気づいたリスクに対してどのように対策をとり、維持部隊に継承したか
・システムの運用中の事故に対して、事故予想と事後リスク対策をどのように行ったか

(3) 組織行動学の視点

・システム開発時、発注者とベンダー間でどのようなビジョンを共有していたか(図3-25a)
また、ベンダー内では、関係者の間でどのようなビジョンを共有していたか(図3-25b)
・個人が自主自律的に行動できる環境作りや、モチベーション向上策を実施していたか
・不正や誤りに関し、ヒューマンファクターの視点で、ハインリッヒの法則やリダラーのモデルを活用していたか(図3-26)

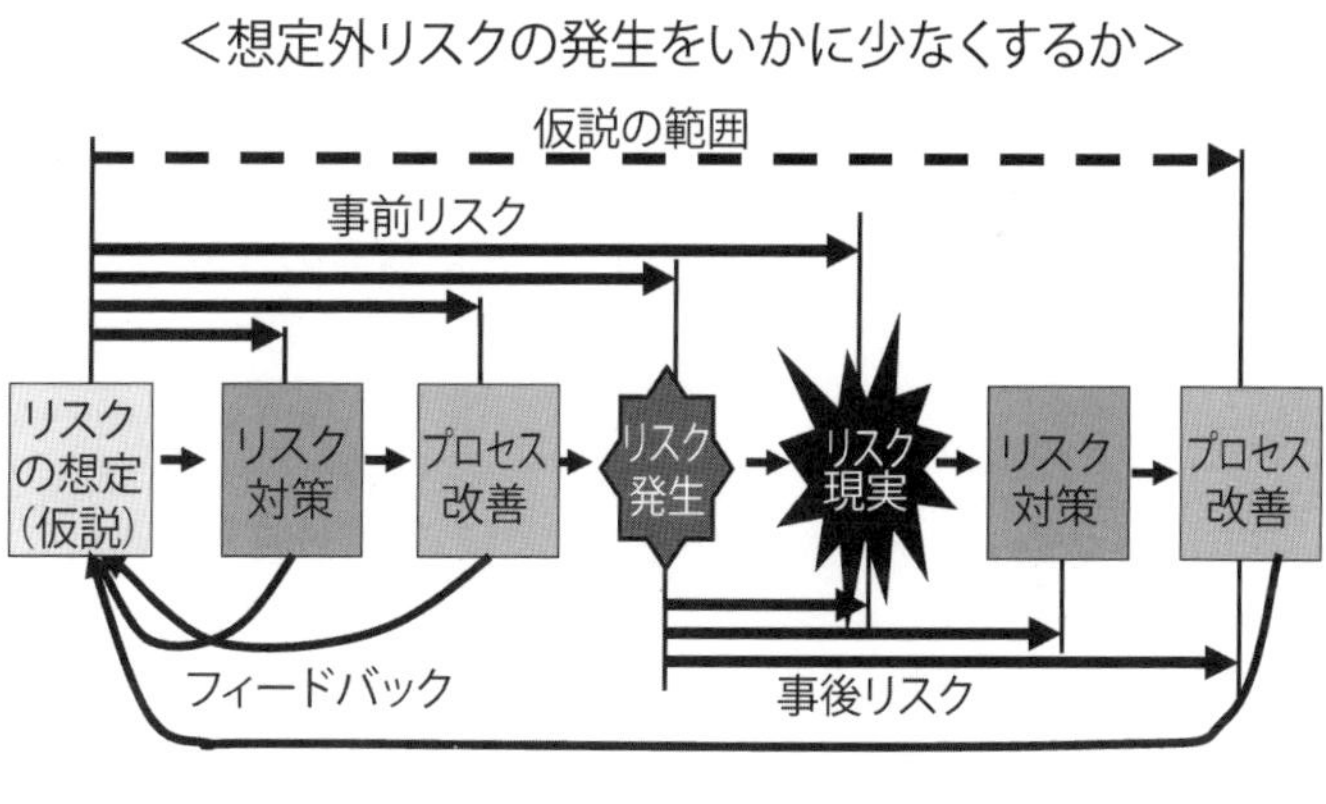

図3-24　リスクマネジメントの視点

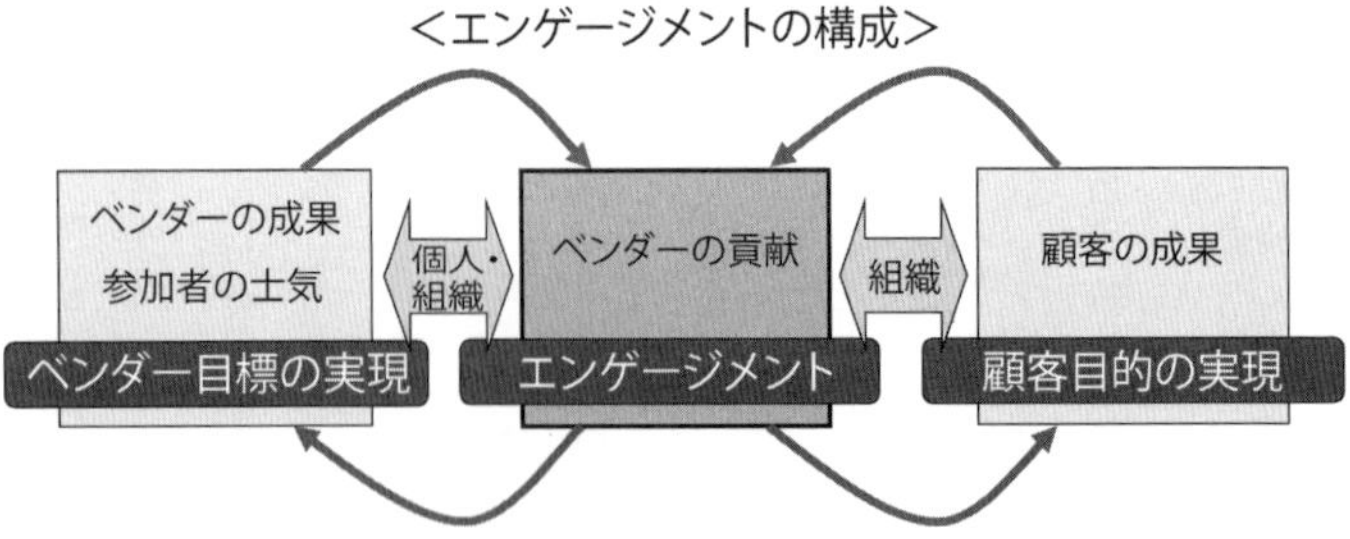

図 3-25a　顧客とベンダーのビジョンの融合
（出典：高間邦男『学習する組織』 ※一部、筆者による変更あり）

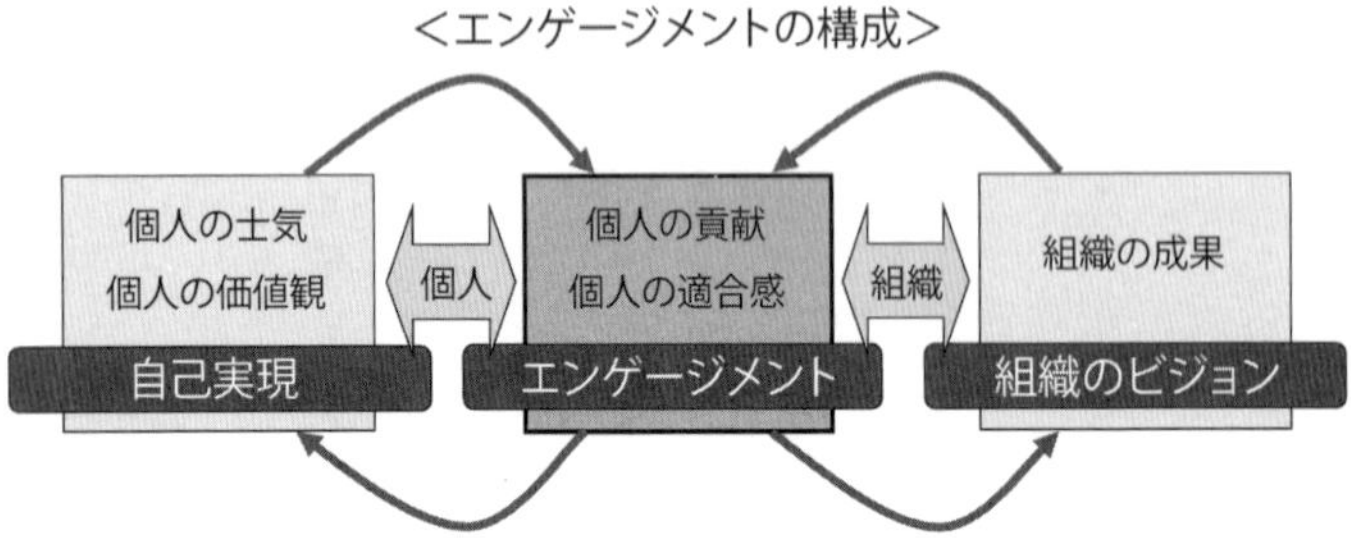

図 3-25b　個人と組織のビジョンの融合
（出典：高間邦男『学習する組織』 ※一部、筆者による変更あり）

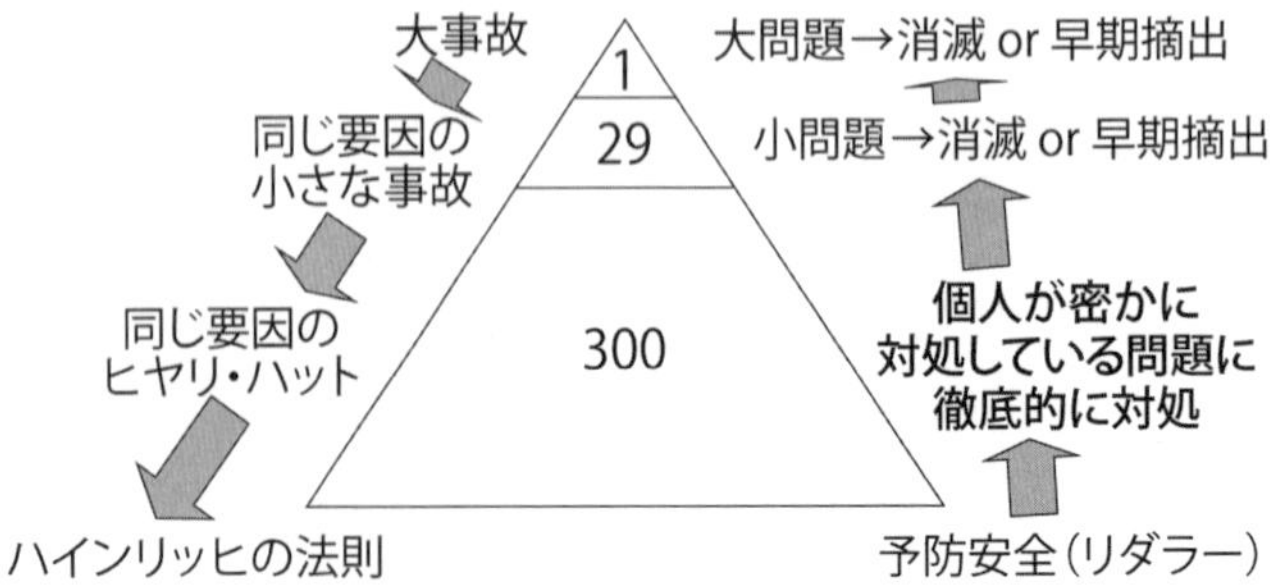

図 3-26　「ハインリッヒの法則」と「リダラーのモデル」
（出典：石橋明『リスクゼロを実現するリーダー学』）

事故分析とシナリオ作り

(1)エビデンスとする情報を整理(図3-27a)

(2)プロジェクトマネジメントの視点での推理(図3-27b)

① プロジェクト運営に関するエビデンスはほとんどない。

② 公官庁系のIT系システムは、受注競争が激しい。本件も開発費用・納期・機能・性能的に無理な開発計画であったことが想像できる。

③ ソフトウェア(プログラム)開発の現場は、技術者の半数以上を派遣社員に依存している。事故を起こしたシステムも多くの派遣社員で開発していたと考えられる。派遣社員が中心で開発したシステムの長期的な維持管理計画が曖昧ではなかったか。

④ 二か月に一度と高頻度で改修(3/2読売新聞)をしているのは、正規の改修以外に多くの不具合対策が含まれていたと考えられる。品質を十分に確保できない条件があった可能性がある。

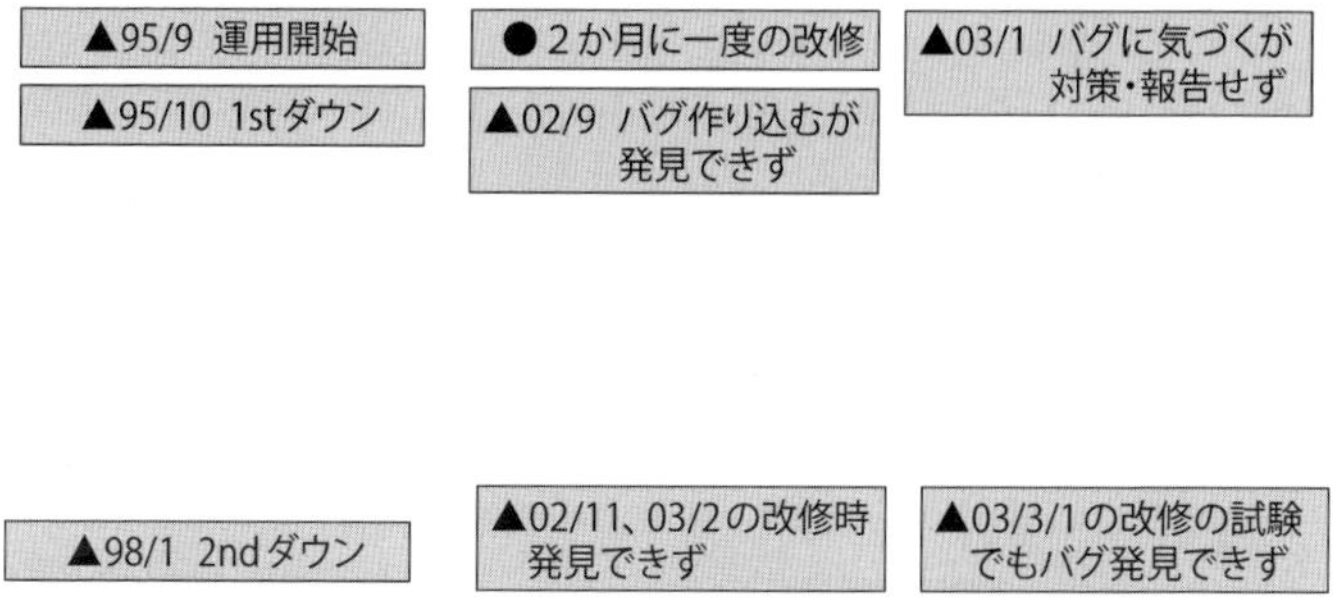
▲95/9 運用開始
▲95/10 1stダウン
●2か月に一度の改修
▲02/9 バグ作り込むが発見できず
▲03/1 バグに気づくが対策・報告せず
▲98/1 2ndダウン
▲02/11、03/2の改修時発見できず
▲03/3/1の改修の試験でもバグ発見できず

図3-27a シナリオ作りの開始(与えられたエビデンス)

⑤　九五年の運用開始から逆算すると、システム開発検討は八〇年代後半から始まっていたと考えられる。事故は〇三年であり、開発着手から一五年以上が経っている。開発当時の技術者は離散し、技術者の補充が難しくなっていたはず。

また、OSも、自社OSからUNIXなどの汎用OS全盛の時代になり、自社OSの使える技術者の補充がままならない状況になっていた可能性が高く、品質の確保が難しくなっていた。

(3)リスクマネジメントの視点での推理（図3-27c）

①　開発時点での事前リスクや開発中のリスクについては、エビデンスはない。ただし、納入後、今回と同様のシステムダウンを過去に二回起こしている。システムダウンを繰り返しているのは、事故後の事後リスクのマネジメント能力がユーザ・ベンダーともに乏しかった。

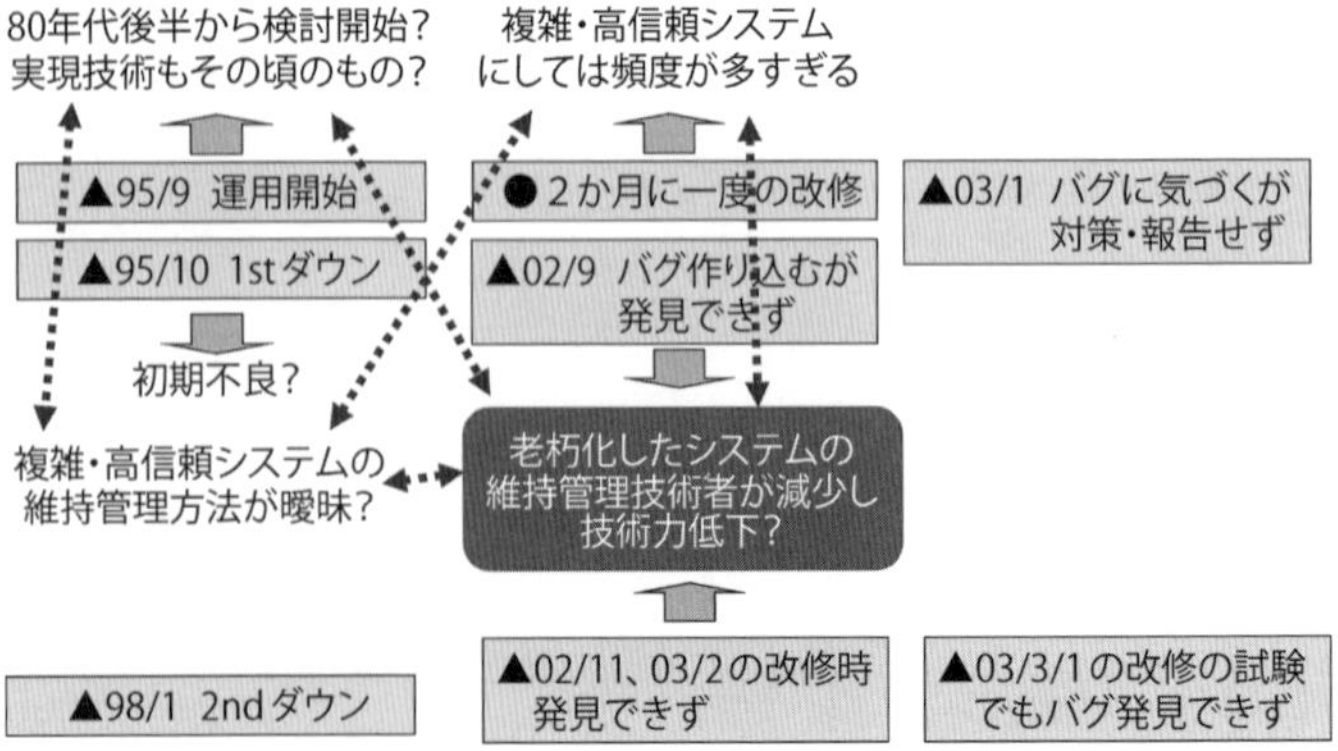

80年代後半から検討開始？
実現技術もその頃のもの？
複雑・高信頼システム
にしては頻度が多すぎる
▲95/9 運用開始
▲95/10 1stダウン
初期不良？
●2か月に一度の改修
▲02/9 バグ作り込むが
発見できず
▲03/1 バグに気づくが
対策・報告せず
複雑・高信頼システムの
維持管理方法が曖昧？
老朽化したシステムの
維持管理技術者が減少し
技術力低下？
▲98/1 2ndダウン
▲02/11、03/2の改修時
発見できず
▲03/3/1の改修の試験
でもバグ発見できず

図 3-27b　プロジェクトマネジメントの視点の推理を重ねる

② 運用時の改修作業はベンダーが作業し、試験環境は国土交通省が準備し運用しているようだが、両者の間でリスクマネジメントの検討をしていたか？ 検討をしていれば、実時間システムの確認作業の基本である「連続運転試験を端折る」（3／2毎日新聞）はずがない。無理な費用削減・短期改修が恒常的になっていて、リスクを検討することさえもできなかった可能性がある。

③ 「システム開発評価設備」が、予算上や評価設備の維持要員の技術力の問題から、稼働システム以上に老朽化、陳腐化が進むことは一般的に知られている。設備の不備が理由で、完全な二四時間以上の連続動作試験が行えなかった可能性がある。

(4) 組織行動学の視点での推理（図3-27d参照）

① 「日本全域にかかわる実時間システムを無停止で維持管理していく」というビジョンの共有が関係者

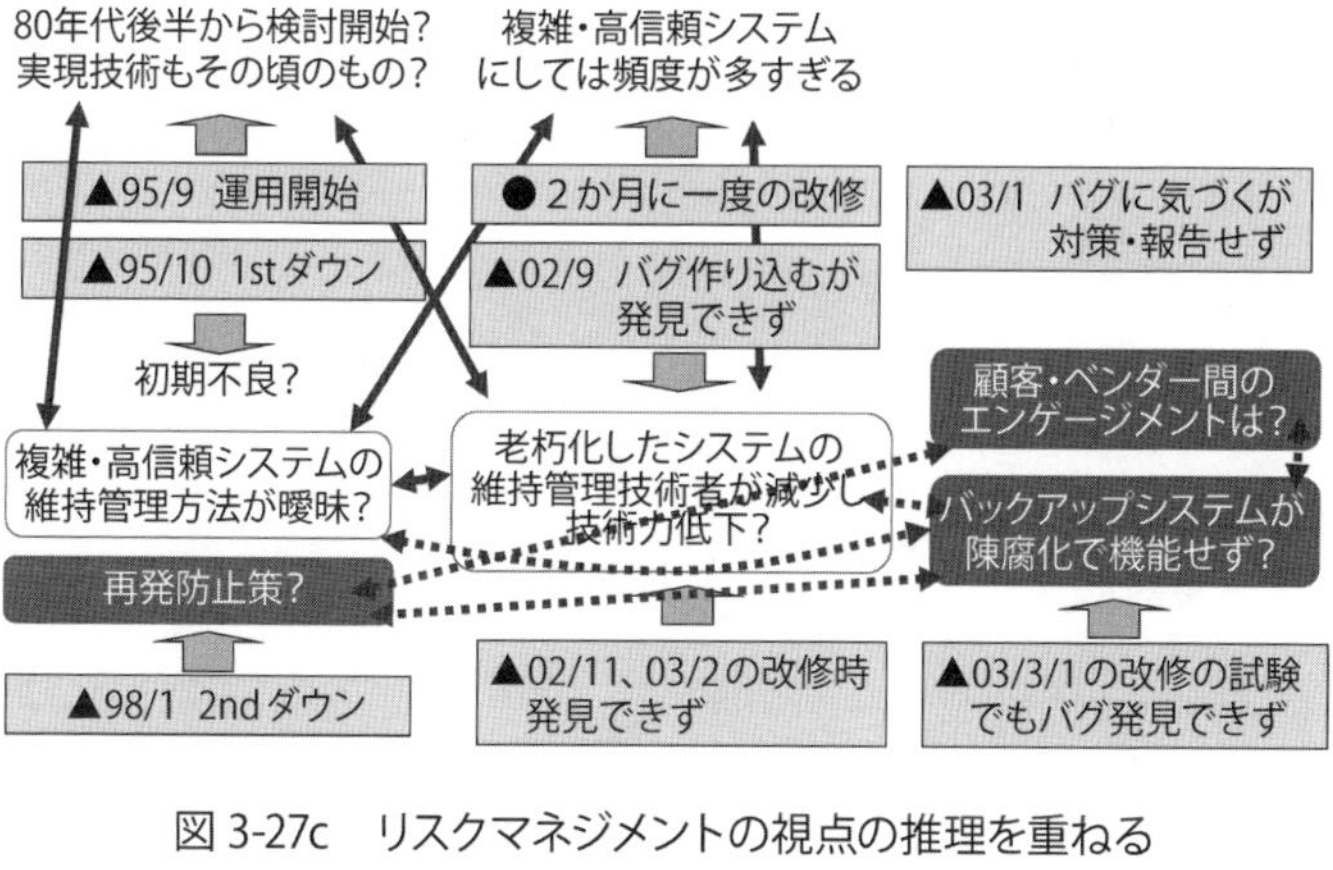

80年代後半から検討開始？
実現技術もその頃のもの？
複雑・高信頼システム
にしては頻度が多すぎる
▲95/9 運用開始
▲95/10 1stダウン
初期不良？
●2か月に一度の改修
▲02/9 バグ作り込むが
発見できず
▲03/1 バグに気づくが
対策・報告せず
顧客・ベンダー間の
エンゲージメントは？
複雑・高信頼システムの
維持管理方法が曖昧？
老朽化したシステムの
維持管理技術者が減少し
技術力低下？
バックアップシステムが
陳腐化で機能せず？
再発防止策？
▲98/1 2ndダウン
▲02/11、03/2の改修時
発見できず
▲03/3/1の改修の試験
でもバグ発見できず

図 3-27c　リスクマネジメントの視点の推理を重ねる

の間でなされていただろうか？　改修後の動作確認の重要性をユーザ・ベンダーの双方が真に認識せず、絶対に省略してはならない二四時間連続運転試験を端折ってしまった。

②　システムダウンの懸念を現場技術者が事前に察知し、改修の必要性を提案したが、受け入れられずに放置されていたようである。このようなことが恒常的に行われていたとすれば、問題が山積していて、不具合に対してモグラたたき的に対策をとっても品質は良くならず、むしろ改修するたびに品質が低下するのは必然。現場技術者の自主自律性が完全に抑制されていた可能性がある。

③　担当者が見つける問題点には、安全工学の「ハインリッヒの法則」が適用できる。品質を確実に向上させるには、「リダラーのモデル」のように、不具合には即座に対策をとるという習慣が必要である。

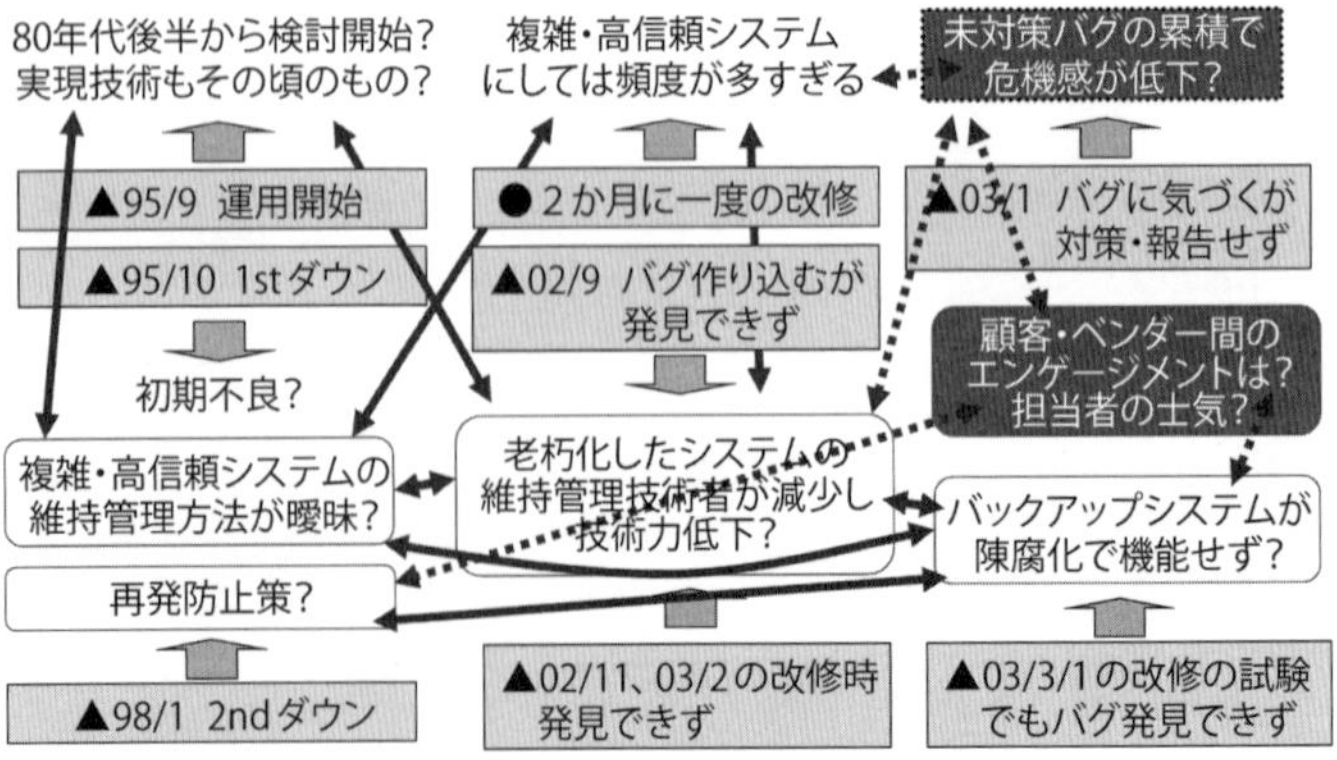
80年代後半から検討開始？
実現技術もその頃のもの？
複雑・高信頼システム
にしては頻度が多すぎる
未対策バグの累積で
危機感が低下？
▲95/9 運用開始
▲95/10 1stダウン
初期不良？
●２か月に一度の改修
▲02/9 バグ作り込むが
発見できず
▲03/1 バグに気づくが
対策・報告せず
顧客・ベンダー間の
エンゲージメントは？
担当者の士気？
複雑・高信頼システムの
維持管理方法が曖昧？
老朽化したシステムの
維持管理技術者が減少し
技術力低下？
バックアップシステムが
陳腐化で機能せず？
再発防止策？
▲98/1 2ndダウン
▲02/11、03/2の改修時
発見できず
▲03/3/1の改修の試験
でもバグ発見できず

図 3-27d　組織行動学の視点の推理を重ねる

この事故では、組織ぐるみで問題の発見・対策を遅らせていた可能性がある。

推理による事故分析のまとめ（図3-27e）

（1）技術的要因

・人的要因＝維持管理する要員の老齢化と旧式技術者の枯渇により、設計品質の低下を招いた。

・技術トレンドの要因＝システムの老朽化により、技術的に困難な改修要求が増加し、対応能力の限界を越えた。

・動作確認環境の要因＝確認設備の維持・補充が行われず、実環境を一〇〇％擬似できない状況になっていて、完全な確認ができない状態になっていた。

（2）組織的要因

・ベンダー側の要因＝人的要因と同時に、モチベーションの低下があった。

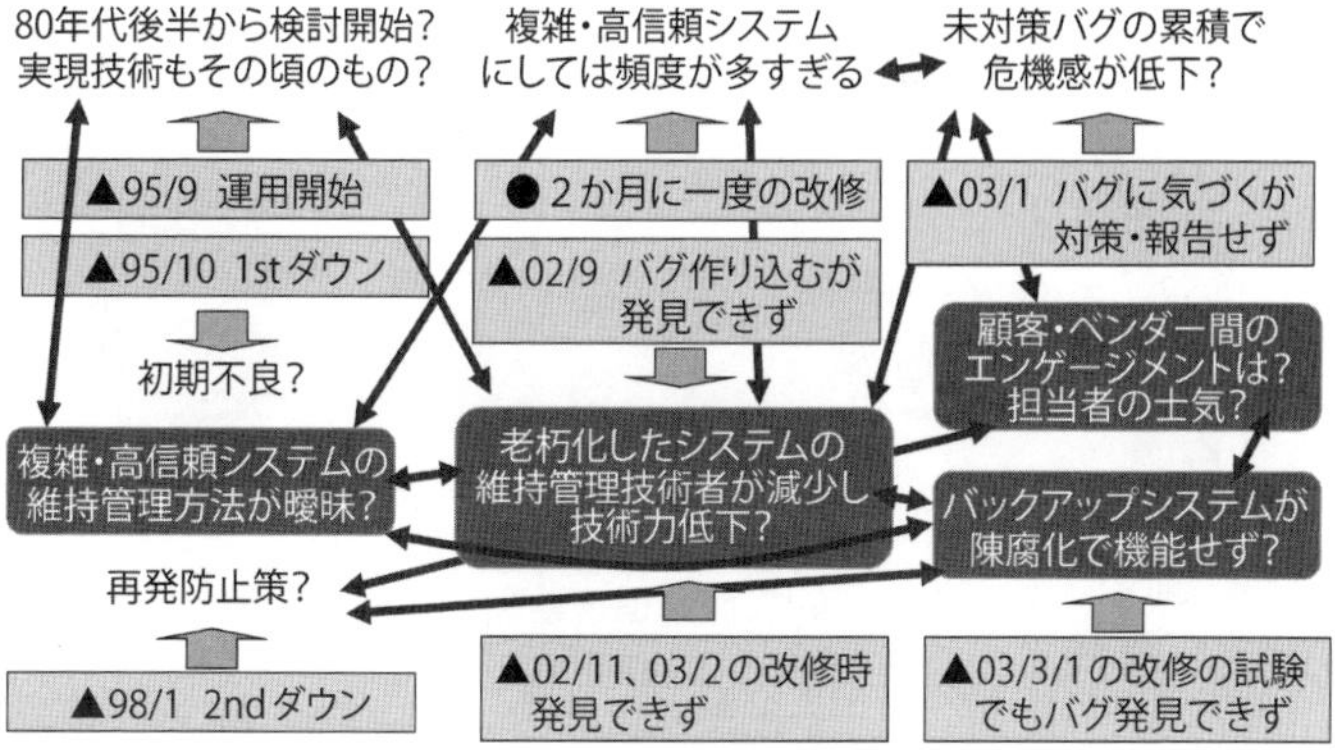

80年代後半から検討開始?
実現技術もその頃のもの?
複雑・高信頼システム
にしては頻度が多すぎる
未対策バグの累積で
危機感が低下?
▲95/9 運用開始
▲95/10 1stダウン
初期不良?
● 2か月に一度の改修
▲02/9 バグ作り込むが
発見できず
▲03/1 バグに気づくが
対策・報告せず
顧客・ベンダー間の
エンゲージメントは?
担当者の士気?
複雑・高信頼システムの
維持管理方法が曖昧?
老朽化したシステムの
維持管理技術者が減少し
技術力低下?
バックアップシステムが
陳腐化で機能せず?
再発防止策?
▲98/1 2ndダウン
▲02/11、03/2の改修時
発見できず
▲03/3/1の改修の試験
でもバグ発見できず

図3-27e　推理シナリオ完了

・監督・責任側の要因＝人的要因と技術トレンドの要因の影響から、ベンダー依存体質が強くなり、責任あるリスク管理もできない状況になっていた。

◆事故分析のまとめ

破られた壁（図3-28）

（1）増加した壁の穴（壁の老朽化）と内容

①個人と組織のモチベーションを低下させる要因が多重にあった。

②維持管理の期間が一〇年以上と長く、技術者の高齢化と旧式技術への人材補充が行えず、機能向上などの改修作業が困難になっていた。

③改修に次ぐ改修により、動作確認が困難を極めていった。

④モチベーションがさらに低下し、事前に発見していた重要問題でさえも、実運用で顕在化してい

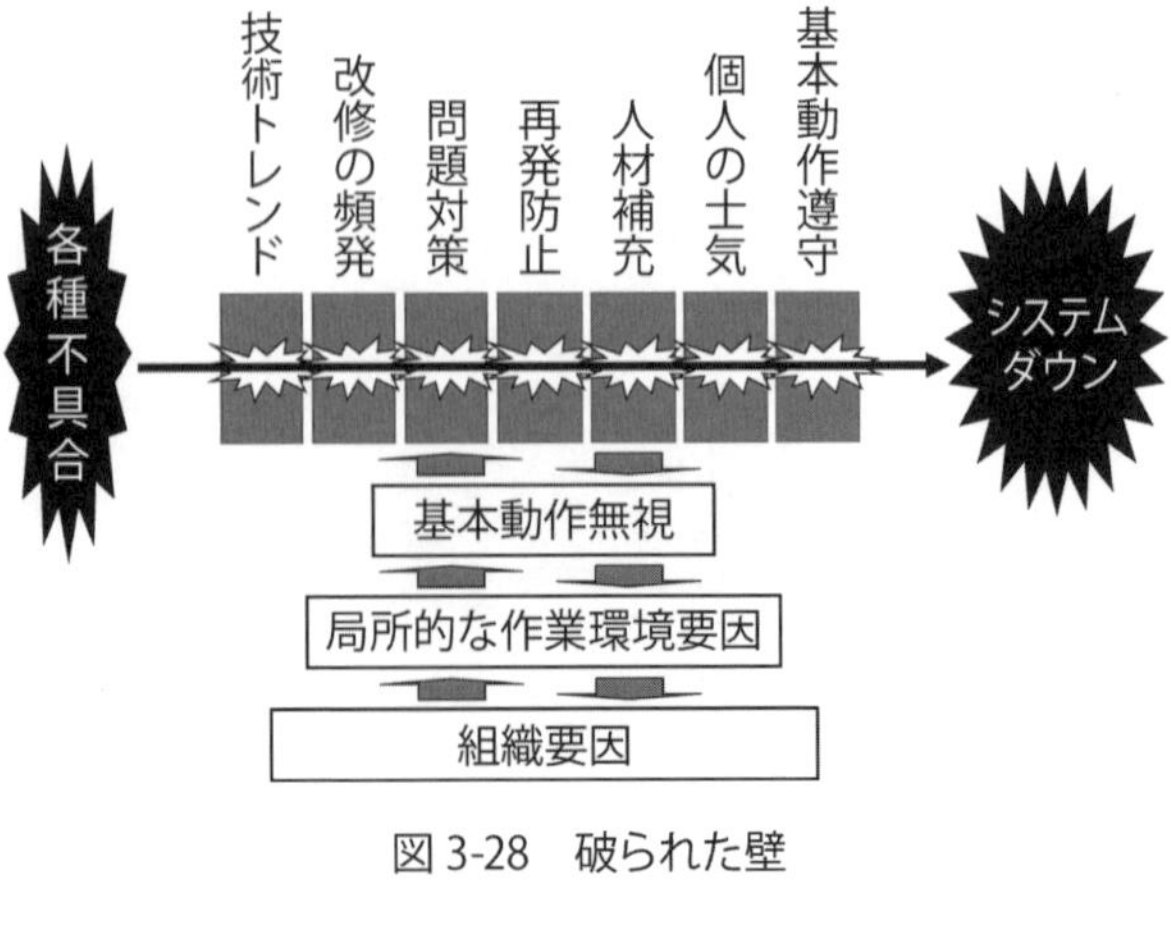

図 3-28　破られた壁

ないという理由で、対策をとらなかった。

⑤　重要問題の再現実験すら実施せず、想定どおりに事故を起こした。

(2) 最後の壁が崩された理由

事前動作確認の設備で二四時間の連続運転試験をするという絶対遵守の基本動作を破って、発見できるはずの誤りを見逃した。二四時間の連続運転試験を行っていれば、必ず発見できた。

(国土交通省　平成一五年五月二三日　HP)

「推理シナリオ法」による事故からの学び

(1) 組織行動学的システム寿命の定義

システム寿命の定義に、ハードウェアの故障物理学的な評価に加え、技術トレンドに影響される人的側面での維持管理性を評価する必要がある。

(2)「基本動作」を確実に遂行できる組織作りの重要性

事故の事前予知や事故の前兆のヒヤリハットを顕在化させる組織運営を、すべてに優先して実行する必要がある。

(3) 総括すると、今回の事故からの学びは、「基本動作を整然と実施できる組織作りが必要である」という、あまりにも当たり前のことであったが、つねに意識して習慣にしておかねばならない。

◆おわりに

情報が公開されない社会では、失敗や事故から直接に学ぶことは難しい。しかし、失敗や事故から学ぶためには、すべての事実を揃えなければならない犯人探しのような調査は必要ではない。

専門家であれば、少ないエビデンス情報を点の情報として捉え、複数の点の情報相互の関係性を推理して線の情報にし、さらに「確からしい面の情報」を作り上げ、失敗や事故の全体像を推理することができる。「推理シナリオ法」で作った「確からしい面の情報」のなかから、第三者が利用できる「学び」を抽出することができる。

「推理シナリオ法」の活用を組織のなかで定着させれば、失敗した個人に対して拷問に近い追及をしなくても、リダラーのモデルのような、大きな失敗のない組織を作ることができる。

(蛇足だが、二〇一二年一〇月時点では、事故を起こしたFDPのシステムは撤去され、後継の新たなシステムが構築され運用されている)

〈**用語解説**〉

・ハインリッヒの法則＝安全工学分野の法則。一件の重大事故が発生する背景には、同じ要因で二九件の軽障事故(インシデント)が発生している。さらに、その背景には同じ要因で三〇〇件ものささいな不具合が起こっているという統計的な法則。

・リダラーのモデル＝安全工学分野の活動。リダラーは、日常の航空機の運航のなかからハインリッヒの三〇〇件レベルに相当するささいな危険因子を一件でも多く見つけて、分析し対策をとることで予防安全が可能になると考え実践し、実際に航空機の運航上のインシデントや大事故を著しく減少させた。「リダラーのモデル」という表現は筆者によるもので、小さな問題や不具合を見つけ次第対策をとっていく活動（プロセス）の形を表現したものである。

〈参考文献〉

（1）高間邦男『学習する組織』光文社新書（二〇〇五）
（2）石橋明『リスクゼロを実現するリーダー学』自由國民社（二〇〇三）
（3）高梨智弘『リスク・マネジメント入門』日経文庫（一九九七）
（4）近藤哲生『はじめてのプロジェクトマネジメント』日経文庫（二〇〇五）
（5）近藤哲生『プロジェクト・マネジメント実践ワークブック』秀和システム（二〇一二）
（6）新聞情報
①二〇〇三年三月一日夕刊＝読売、毎日
②二〇〇三年三月二日朝刊＝読売、毎日
③二〇〇三年三月一二日夕刊＝読売、毎日
（7）雑誌情報
「航空管制システム障害は防げた！（バグを放置、テストは8時間のみ）」日経コンピュータ、二〇〇三年三月二四日号、一五〜一六頁
（8）ホームページ
①国土交通省航空局管制保安部保安企画課が発行している事故調査報告、再発防止策の検討結果など多数（ただし、このホームページは、二〇一二年一二月現在、閲覧できない）

②国土交通省航空局の航空保安業務を説明しているホームページに、事故を起こしたシステム（FDP）の構成や機能が、詳しく説明されていた（ただし、このホームページは、二〇一二年一二月現在、閲覧できない）

(9) インターネット掲示板（今回は引用しなかった）

新聞や雑誌情報とは異なる視点の情報が発信されており、すべてを鵜呑みにはできないが、専門家の視点でチェックすることにより、貴重なヒントを得ることがある。

6 原子力施設特有の事故対策問題

二〇一一年三月一一日の東日本大震災における東京電力福島第一原子力発電所事故に対し、過去の原子力施設事故の教訓が生かされなかったことについて組織対応の観点から述べる。

◆動力炉核燃料開発事業団

一九九〇年代、動力炉核燃料開発事業団（以下、動燃と表記する）が高速増殖炉「もんじゅ」ナトリウム漏れ事故ならびに東海事業所再処理施設「アスファルト固化処理施設」火災爆発事故と、大きな事故を二件引き起こし、「動燃改革検討委員会」が設置された。座長には吉川弘之日本学術会議会長・東京大学前総長が就任、職員らの意識調査を基に報告書として「動燃改革の基本方針」

が提出され、「新法人作業部会」の設置要求がなされた。その結果、東京大学鈴木篤之教授が作業部会長に就任、その報告書として「新法人の基本構想」が作成され国会に提出、組織の抜本的見直しの提言が行われ、動燃は「核燃料サイクル開発機構」として改組、新組織となった。以下にその経緯を示す。

一九五六年　八月　原子燃料公社（原燃）発足
一九六七年一〇月　動力炉・核燃料開発事業団（動燃）発足
一九九四年　四月　「もんじゅ」初臨界
一九九五年一二月　「もんじゅ」ナトリウム漏洩事故
一九九七年　三月　東海事業所再処理施設「アスファルト固化処理施設」火災爆発事故
　　　　　　四月　動燃改革検討委員会設置、この間、職員らに意識調査
　　　　　　八月　動燃改革検討委員会「動燃改革の基本方針」報告書提出
　　　　　　　　　新法人作業部会設置
　　　　　一二月　新法人作業部会「新法人の基本構想」報告書提出
一九九八年　二月　改革法案国会提出
　　　　　　五月　法案国会にて成立
　　　　　一〇月　核燃料サイクル開発機構に改組

一九九九年　二月　本社機構を現場に近い東海村に移転
二〇〇二年一二月　「もんじゅ」ナトリウム漏洩対策工事許可申請
二〇〇五年一〇月　独立行政法人日本原子力研究開発機構発足（日本原子力研究所と核燃料サイクル開発機構が統合）

◆「新法人の基本構想」報告書

「新法人の基本構想」報告書の内容は、二〇一一年三月の東京電力福島第一原子力発電所事故における組織運営に関しての問題点に通じるところがある。原子力関連施設特有の事故などによる組織問題が水平展開なされていなかったと思われる。「新法人の基本構想」には、権限の移譲や技術的問題よりも組織そのものの維持を最優先してきた結果が事故の一因と示されている。

この「新法人の基本構想」ならびに専門コンサルタントの調査結果などから、改革取り組み事項ならびに指摘事項を抜粋すると以下のとおりである。

(1) 新法人作業部会からの最優先課題としての取り組み要求
・社会との間の乖離をなくすための「意識改革の推進」
・業務の質の向上を目指した「業務品質保証活動の推進」
・事故の未然防止を目指した「安全性の総点検の実施」

(2) 改革取り組み事項

・業務の抜本的な見直し（下請け問題も含む）
・設備の保守点検の進め方と老朽化対策
・本社業務と現場業務の適切化と連携強化
・事故時などの緊急時における対応の見直し
・周辺地方自治体との連絡通報体制整備

(3) 指摘事項

・施設運転部門の軽視などによる「安全確保と危機管理の不備」
・価値の基準が組織内秩序の維持と成果のバランスを重視
・個人志向より組織志向を強く有する
・官僚的組織の特性を示す↓「組織志向」
・事前に「根回し」合議での意思決定
・「動燃の常識」と「一般社会の常識」の価値基準の乖離
・外部環境への関心の希薄さ
・環境変化へ対応する柔軟性の欠如
・管理職層が有効な意思決定ができていない

・情報を共有し、将来の業務遂行に反映させることの重要性の認識度が低い。管理職、役員になるほど、その重要性の認識度が低くなる
・問題解決の意思決定が上位職階に集中、発言力が職階の高さに連動
・意思決定に「根回し」が必要、意思決定のタイミングやスピードは重視されていない
・科学技術庁への関心が非常に高い反面、会社内、関連会社、一般社会への関心が薄い。とくに役員において科学技術庁への関心が高い
・組織を横断した情報交換を行い、事業目標達成のために協力する体制が構築されていない
・職員と協力会社の社員の間に有効なコミュニケーションが少ない
・事故の発生に対する社会的影響の大きさや安全管理の重要性は認識されているが、日常業務の遂行に際し、安全管理意識が徹底されていない
・実効性のある安全管理を実施していくために必要とされる人員、知識、技術が充足されていない
・安全管理に関する意識の徹底、経営資源の配分などに問題があり、各職場で十分な安全管理が行われていない
・危機管理の重要性や連絡・通報体制に関する理解度は高いが、最新の情報が提供されておらず、判断基準や役割が明示されていない
・保安訓練は実施されているが、危機対応能力の向上に貢献していない。また想定外のトラブル

や事故への対応能力を向上させることに貢献していない

・各訓練や研修の効果が協力会社の社員に浸透しておらず、知識や技術の蓄積に結びついていない

この「新法人の基本構想」ならびに専門コンサルタントの調査結果などを同じ原子力産業における教訓として当事者意識で捉えて水平展開する組織構造の欠如が、今回の原発事故に関してもみられる。

◆二件の大事故の要因

「もんじゅ」ナトリウム事故は、事故発生時の説明用ビデオを短縮する編集過程に対して、見解の相違によりマスコミから「ビデオ隠し」として報道された。また再処理施設「アスファルト固化施設」爆発事故は、「目視により消火したと判断した」との報告書の記述が事実に反していたことから、技術的・物理的問題よりも組織の対応が大きな問題となってしまった。

この事故を俯瞰的に見ると、物理的な事故要素と組織運営的な要素の二通りが見受けられる。事故そのものの重要性は大きいが、内容そのものをマスコミがセンセーショナルに捉え、物理的な原因究明より、そのセンセーショナルな報道への対応に研究者・技術者が追われ、本来の事故再発防止策としての経年変化や社会環境変化に対して行うべき確認試験、施設検討などになかなか取り組みづらいところがあったのではないだろうか。

「もんじゅ」ナトリウム漏れ事故は、ナトリウム配管の温度計さや管が流体振動の高サイクル疲労により破損したものである（図3-29）。

高速増殖炉とは、発電しながら消費した以上の核燃料を生成（増殖）、ウランの利用率を高め、燃料にウラン・プルトニウムを使用、化学的に活性な材料ではあるが高温低圧で冷却系運転ができる冷却材として液体金属ナトリウムを使用した原子炉である。

「もんじゅ」は、この高速増殖炉の原型炉である。原子炉は、実験炉（高速増殖炉では「常陽」）、原型炉、実証炉、実用炉と開発が進んでいく。本来の原型炉の目的は、各種技術的な問題点を抽出することであるが、いつの間にか、原子力関連施設に関しては、微々たる故障・事故も発生させてはならないということが要求されるようになり、各種報告の捉え方にも違いが生じてきたのではないだろうか。それが前述した「ビデオ隠し」報道に

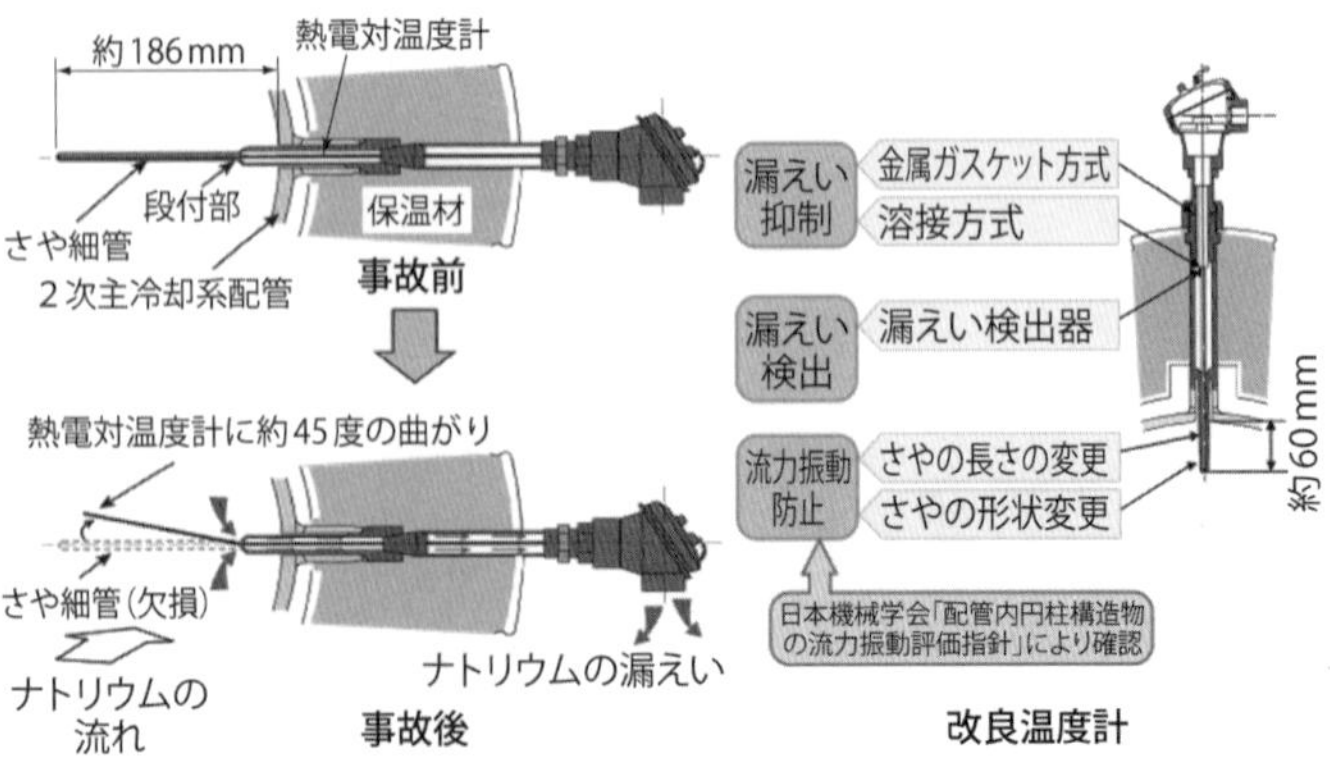

図3-29　温度計さや管の破損

もつながっている。

些細な故障・事故も起こしてはならないということから、安全神話が生まれ、技術者が不安に思ったことについても安全対策そのものが否定されるという状況になってしまったと思われる。

筆者は、この二件の事故に関しては、要因が異質のものと捉えている。

「もんじゅ」のナトリウム漏洩事故に関しては、事故は起こらない方が良いが、原型炉の目的は技術的課題の抽出であり、その過程における問題点の顕在化による、今後の開発に対する教訓の一事例と捉えている。失敗の積み重ねにより、その礎のもとに新たな技術が生まれていくものと考えている。

一方、再処理施設「アスファルト固化施設」の火災爆発事故は、教育を含めた運営自体の問題が一因と捉えている。この事故の起きる前に同じような事故が一九八一年、ベルギーのユーロケミックで起きている。その教訓から、消火実験を実施し、アスファルト固化体の火災時の消火には一定時間以上（八分程度）の水噴霧が必要であるとの知見が得られていた。にもかかわらず水噴霧バルブ手動開一分後、直ちにバルブを手動停止したために、約一〇時間、燻り続けた後に火災爆発を起こした。運転マニュアル教育を受けていない者であれば、たとえば私が原子力施設運用担当者なら、消火水量が多くなれば物理的・心理的に処理が大変になるという考えが働くのは当然である。当事者の責任を追及しても再発防止には何の解決にもならない。よって組織として技術の継承にどのように取り組むかが必要と捉えている。

当時の「新法人の基本構想」では、組織体制に関して
・安全確保の体制（運転・安全・設計監理・設計審査）
・社会に開かれた体制（本社移転・広報情報公開・地域共生）
・新法人の当面の組織（スリム化・現場責任一元化・横断機能・環境安全）
がうたわれている。産業界の事故の再発防止には、実務担当者ひとり一人がその業務の目的を理解し、お互いのコミュニケーションのとれる環境が第一と考えている。

この動燃における事故の組織的要因の部分が生かされ、原子力産業界に水平展開されていれば、福島第一原子力発電所の事故は防げたと考えられる。

「新法人基本構想」に含まれる提言内容は、他の産業界でも各種組織内に潜在化してしまった問題を浮き彫りにしている。この「改革取り組み事項」ならびに「指摘事項」

図 3-30 「もんじゅ」外観

事例内容に対し、当事者意識を持って経営トップ層をはじめ管理者層、実務担当者が共通認識としてコミュニケーションを取り、見つめ直すことが、組織における不祥事・事故の再発防止につながると思う。

〈**参考文献**〉

加藤豊「お茶の水女子大学ＬＷＷＣ公開講座　リスク学事例研究４」（二〇〇六）
動燃改革委員会報告書
新法人作業部会報告書
独立行政法人日本原子力開発機構高速増殖炉開発センター報告書
独立行政法人日本原子力開発機構ホームページ
原子力安全委員会見解書（一九九七）

コーヒーブレーク　震災川柳という名のレジリエンス

二〇一一年三月一一日、未曾有の震災が東日本を襲いました。

宮城県の南三陸町は平成の大合併の一環として、旧志津川町と旧歌津町とが合併してできました。人口約一万七〇〇〇人、世帯数約五三〇〇。東は太平洋に面し、志津川湾と伊里前湾は県内有数の養殖湾であり、三方を標高三〇〇～五〇〇メートルの山に囲まれており、豊かな自然環境に恵まれています。リアス式海岸のため過去「貞観地震大津波」「明治三陸大津波」「昭和三陸大津波」「チリ津波」など幾多の被害を受けてきました。３・11の被害も死者五五〇名、行方不明四三七名という甚大なものでした。

南三陸町旭ヶ丘地区は、高台に位置するため津波の直撃は免れたものの、大きく被災しました。また、被災者の受け入れも行いました。

約一七〇世帯、五〇〇人が暮らす旭ヶ丘地区は、約三〇年前に開発された新興住宅地です。当初は多種多様な職業の方々や、それまで住んでいた所も違う方々が移り住み、三〇年かけて数々の催し・イベントを行うことで自分たちの力でコミュニティを作り上げてきたそうです。

震災からおよそ一か月後の四月一〇日、自治区の柴田区長（町内会長的立場）の呼びかけで「震災川柳」の募集が始まったそうです。

〔柴田区長の作品〕

「ぼけぼうし　桜の花も　電気待つ」

「頑張ろう　南三陸　これからだ」

〔住民の作品〕

「大津波　みんな流して　バカやろう」

「積み上がる　タンスがわりの　ダンボール」

未曾有の災害にまだまだ社会全体がどこを向けばよいのか悩んでいる状況下の四月二四日、コンビニのお弁当で、ボランティアにも協力してもらい、お花見が行われたそうです。賛否両論があったことでしょう。その際の川柳の一部です。

「満開の　桜に負けぬ　笑顔かな」

「桜花　咲いた咲いたぜ　春が来た」

「桜より　みんなの努力が　美しい」

このお花見は住民全体に笑顔が戻り、例年よりも盛大に行われたそうです。

まだ電気の復旧が無くランタンで生活していた頃は家族の団らんが上手くできていて、川柳もこの頃の方が多く寄せられていたといいます。電気が復旧してからは子どもたちも各自の部屋に行き、団らんが少なくなったという区長さんの感想もありました。

もちろん、川柳だけでなく、不自由な生活に立ち向かういろいろな工夫があった訳でしょうが、川柳で気持ちを表現するようになって、困難に立ち向かう心の復元力（レジリエンシー）に作用したのではないかと思われます。

二〇〇句あまりの震災川柳は、旭ヶ丘地区の「絆」として、人と人を結びつける力を発揮しました。まさに「震災川柳という名のレジリエンス」ということです。

笑いやユーモアは、人の心を和ませ、力づけることに大きな効果があるのです。

もともとは物理の概念であるレジリエンシーは、物体の「弾力性、柔軟性」の意味や、船舶が傾いた際の「復原力」というような意味ですが、物ではなく精神的なレジリエンシーとして「心理的レジリエンシー」というように表現されることもあります。

レジリエンシー（心の回復力）は、強いストレスから回復できる心的特性として、心理学、教育学、精神医学などの分野に広がって研究されています。

仁平義明著『ほんとうのお父さんになるための15章―父と子の発達心理学』（ブレーン出版）では、「心の〝回復力〟を育てる」の章で、レジリエンシーのある人の一〇の特徴を、①自己信頼、②未来志向・楽観主義、③自己尊重・自尊心、④自己受容、⑤肯定的人間観、⑥他者の信頼と利用、⑦平静さ、⑧情報収集、⑨リスクテーキング、⑩実存的孤独としています。

組織行動のいろいろな課題を検討していくなかに、上記のような観点を加えてみるのも一考と思いました。

【注】　この稿は、東北大学教授・長谷川敬三氏から頂戴した「震災川柳」を元に構成しました。また、日本笑い学会新聞（二〇〇九年八月一五日号）掲載の二〇〇九年七月一二日に東北大学にて開催された記念講演「心の回復力（リジリエンシー）とユーモア」（仁平義明東北大学教授）の記事を参照しました。

7 院内感染

◆概要

一九九九年七月、東京都内の病院で国内初のセラチア菌による敗血症の集団発生が起きた。セラチア菌は、水回りなど身近な環境に存在する生活環境菌であり、弱毒菌であることから、それまで医療現場では院内感染の原因菌として考えられていなかった。

東京都は、この教訓を伝えるために研究班を設置、医療の現場での日常的な消毒用アルコール綿の取り扱いや医療機器の洗浄・消毒・乾燥方法などが感染原因であることから、どの病院でも同じ院内感染が起こりうると考え、医療現場での危機管理に関する再点検を指摘した報告書を作成し、全国に配布した。

しかし、この再点検の指摘は、配布先の道府県行政の机に保管されたまま、現場医療機関に届けられておらず、二〇〇〇年六月、堺市の病院で二例目の院内感染が発生してしまう。

この事故は報道番組で大きく取り上げられ、医療機関の問題だけでなく、行政の怠慢も明らかにされた。

堺市は、セラチア菌院内感染の教訓を伝えるべく、事例報告書を五千部作成し、全国の医療機関や自治体、保健所に大量配布した。

ところが、二〇〇二年一月、東京都内の病院で、医療機器の不十分な消毒、薬剤の繰り返し使用、ヘパリン加生理食塩水の室温長時間放置などが推定原因とされる三例目の事故が発生してしまった。

つまり、先二例の「教訓」も現場で活かされていなかった。東京都は、三例目の事故を受け、都内の全病院（六七一病院）に対し、二〇〇二年三月から約一年間かけて院内感染予防に関する臨時立入検査を実施した。そして院内感染予防に関する都内の全病院の現状が報告書にまとめられ、再度情報の発信が行われた。

場所	第１例 東京・Ｓ病院	第２例 大阪堺市	第３例 東京都
発生日	1999年7月29日	2000年6月30日	2002年1月15日
概要	入院中の患者5名が39℃を超える突然の高熱、血圧低下、出血傾向などの症状を呈した。原因不明のまま、発症者数は4日間で計10名に達し、そのうち5名が発症後13日間に亡くなる。	5月〜6月の2か月間の入院患者中、セラチア菌陽性患者15名。そのうち8名死亡。（血液培養陽性者は5名全員死亡。喀痰のみから検出された患者8名のうち、3名が当該病院や転院先で死亡。）	確定例12例（うち6例死亡）、疑い例12例（うち1例死亡）を含むセラチアの血流感染による集団感染であり、2001年12月26日から2002年1月15日の間に同病院で使用されたヘパリン加生理食塩水がセラチア菌で汚染され、持続留置針の使用などで増幅され、血流感染を起こした可能性が示唆された。
初動の問題	レジオネラ症を疑う	血培セラチア陽性だが、検体への混入を疑う	インフルエンザを疑う
推定理由	①消毒用アルコール綿の汚染 ②消毒用アルコールの劣化 ③医療機器の取り扱いの問題 洗浄・消毒・乾燥	①医療行為 尿道カテーテル、中心静脈カテーテル留置、喀痰吸引、口腔ケア、ネブライザー吸入 ②医療器具の取り扱い 静脈留置針、三方活栓 ③消毒用アルコールの取り扱い・保管	①作り置き薬剤ヘパリン加生理食塩水の室温長時間放置（3〜4日） 忙しさから、小容量から大容量へ変更 ②中性水（アルカリ性次亜塩素酸ナトリウム水）のスプレーボトルによる手指消毒 →不適切な手洗い

図 3-31　繰り返された院内感染

◆推定された直接原因

まず大前提として、感染が成立するためには、「感染源」「感染経路」「宿主感染」のリンクが必要となる。つまりセラチア菌という「感染源」が、不適切な医療行為による「感染経路」を経て、最終的に患者さんの体内へ侵入した。さらに菌と「宿主」である患者さんの抵抗力のバランスが崩れたためセラチア菌感染症を発症したのである。

報告書では、直接原因として「消毒用アルコール綿の不適切な取り扱い」「薬剤の繰り返し使用」「薬剤の作り置き」「不適切な手洗い」などを指摘している。

以下に具体的場面を提示して解説する。

第一事例　院内感染再発防止の提言（S病院院長コメントより抜粋、一部改変）

問題となった病棟には、当時三六名の患者さんが入院していたが、そのなかの一人、患者A（七〇代男性、脳梗塞後遺症患者）は不穏が強く、しきりに徘徊し、時には膀胱留置バルーンを抜く、点滴を自己抜去するといったことを繰り返し、スタッフはその対応に苦慮していた。相当量の鎮静剤も効果は薄かった。しかし、ベッドに抑制することは避けたい、薬物で強制的に入眠させるのも躊躇される。そこで人手の少ない夜間帯は、看護記録室に患者をベッドごと移動して、目の届きやすいようにして看護するという方法をとった。（七月三〇日になって、この患者さんの七月二七日の尿検体から、今回の集団敗血症の原因となった菌とほぼ同一と見られるセラチア菌が大量に排泄されていることが判明した。）
この患者を看護しつつ記録をし、投薬をし、注射処置、体交処置、口腔、気管内に吸引などをすると同時に、点滴を作る。こうした環境の下での一連の作業過程のなかで、看護婦の手を介し、酒精綿（＝消毒用アルコール綿）の入った容器の内部が汚染されて菌が増殖、さらにその酒精綿を介して、菌が点滴内に入ったと考えられる。

原因１＝消毒用アルコール綿の劣化と汚染

消毒用アルコール綿（図3-32）は、注射するときに皮膚消毒などに使用される日常的な医療材料である。その日常的医療材料が、なぜ汚染されたのか。第二例目の報告書に「五〇％イソプロピルアルコール（以下、イソプロ）・八〇％エタノール（以下、エタノール）・滅菌生理食塩水の比較試験で、アルコール綿の気化による重

図 3-32　消毒用アルコール綿

量変化と菌数変化（図3－33）」が紹介されている。二四時間放置で、イソプロで約半分、エタノールで六割のアルコールが気化し、四八時間後では、イソプロで八割、エタノールで九割以上気化し、消毒効果が著しく劣化している。添加された一〇万個の患者由来のセラチア菌は、四八時間までは、菌数は二種のアルコールともに一〇〇個以下で制御されているが、その後七二時間までには増殖し、元の菌量以上となっている。

つまり、消毒用アルコール綿の入った容器がセラチア菌で汚染されても、十分なアルコールが存在していれば消毒効果は十分にある。しかし消毒用アルコール綿の管理が作り置きなど不適切であったため、気化による消毒効果の劣化が生じ、汚染を許す結果となった。

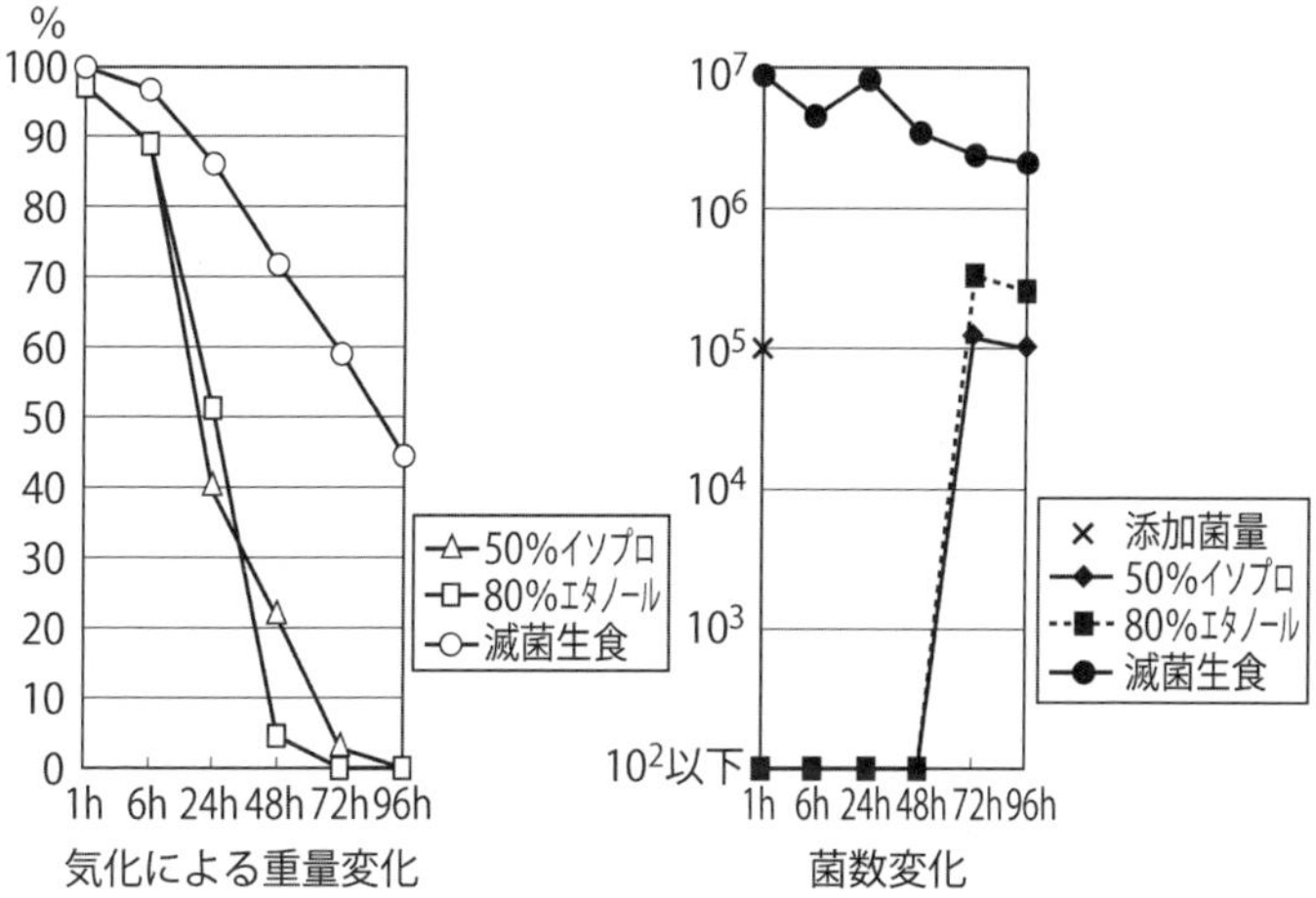

図 3-33
（出典：セラチアによる院内感染事例報告書（堺市保健福祉局、2000年12月）

原因2＝薬剤の繰り返し使用

継続的な点滴を実施するために、注射針を何度も体に刺す身体的苦痛を軽減する方法として血管内に針を留置する方法がある。入浴など一時的に点滴を中止する必要があるときには、留置針内が血液凝固しないよう抗凝固剤であるヘパリンを生理食塩水で希釈したものを注入する。この方法はヘパリンロックと呼ばれる。抗凝固剤ヘパリンは、一回に少量しか必要としない。そのためアンプル製剤だと大部分を捨てることになるが、ゴム栓のあるバイアル製剤であれば、保管が可能である。医療現場では、残薬を捨てずに済むとの経済的理由で、バイアル製剤が好まれていた。現場の忙しさから、バイアル製剤を小容量から大容量へ変更している。（第三例目の報告書）

バイアル製剤から注射器で薬液を吸い取る前に、消毒用アルコール綿で穿刺部分を消毒する。薬剤の繰り返し使用とは、バイアル内の薬液がなくなるまで上記操作を繰り返すことである。また薬液がなくなるまで保管期間が長くなること意味する。汚染された消毒用アルコール綿の使用によりバイアル内へ菌が混入する。バイアル内の薬液がなくなるまで繰り返して使用されるので、混入した菌の増殖が増幅された。

原因3＝薬剤の作り置き

本来は調整後速やかに使用すべきところ、ヘパリンロックに使用するヘパリン加生理食塩水（以

下、ヘパリン生食）を注射器に詰め作り置きし、三～四日室温放置していた。（第三例目の報告書）

原因４＝不適切な手洗い

手洗いには、石鹸と流水による汚れの物理的除去と十分な乾燥が必要である。第三例目の報告書では、不適切な手洗いとして中性水（アルカリ性の次亜塩素酸ナトリウム水）のスプレーボトルによる手指消毒を指摘している。

以上、直接原因１～４を図３-34に示す。感染源であるセラチア菌が手指を介し、アルコール綿、バイアル製剤、ヘパリン生食と、混入した菌の増殖が増幅され、体内へ侵入した。

不適切な手洗いは手指の汚染を招き、清潔操作を伴う医療行為全般に感染リスクを生じさせる。とくに点滴回路（輸液ラインと複数の輸液を連結する三方活栓）などは、同じものを長期間使用するため感染リスクは増大する。

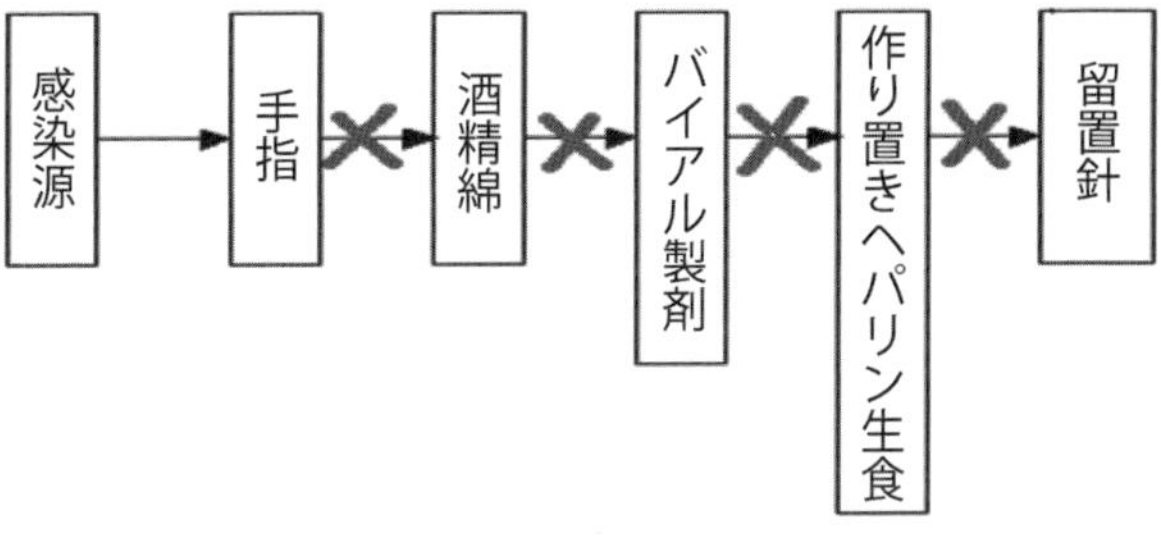

図 3-34　感染経路

◆再発防止対策

今回の再発防止対策について石橋氏の「エラー対策の基本的発想」（図3-35）をもとに検証する。

（1）エラー発生の防止＝直接原因を物理的に制約する

「消毒用アルコール綿の不適切な取り扱い」「薬剤の繰り返し使用」「薬剤の作り置き」ができないようにする。つまり汚染されにくい単回使用の使い捨て医療材料の開発である。

①　消毒用アルコール綿

班員の提言もあり五〇％イソプロパノールから七〇％への使用変更が進んだ（図3-36）。理由は、イソプロパノールは五〇％製剤より七〇％製剤の方が、気化による消毒効果の劣化が少ない。また欧米では、消毒用アルコールは七〇％イソプロパノールのみが認められている。エタノールは飲酒防止のため採用されていない。

第二事例での班員提言（回収について言及）

「消毒用に用いるイソプロパノールについても、この事件を契機として今後は五〇％イソプロパノールの使用は禁止し、すべて七〇％とするぐらいの決断が、厚生省（現・厚生労働省）に対しても求められるのではなかろうか。」

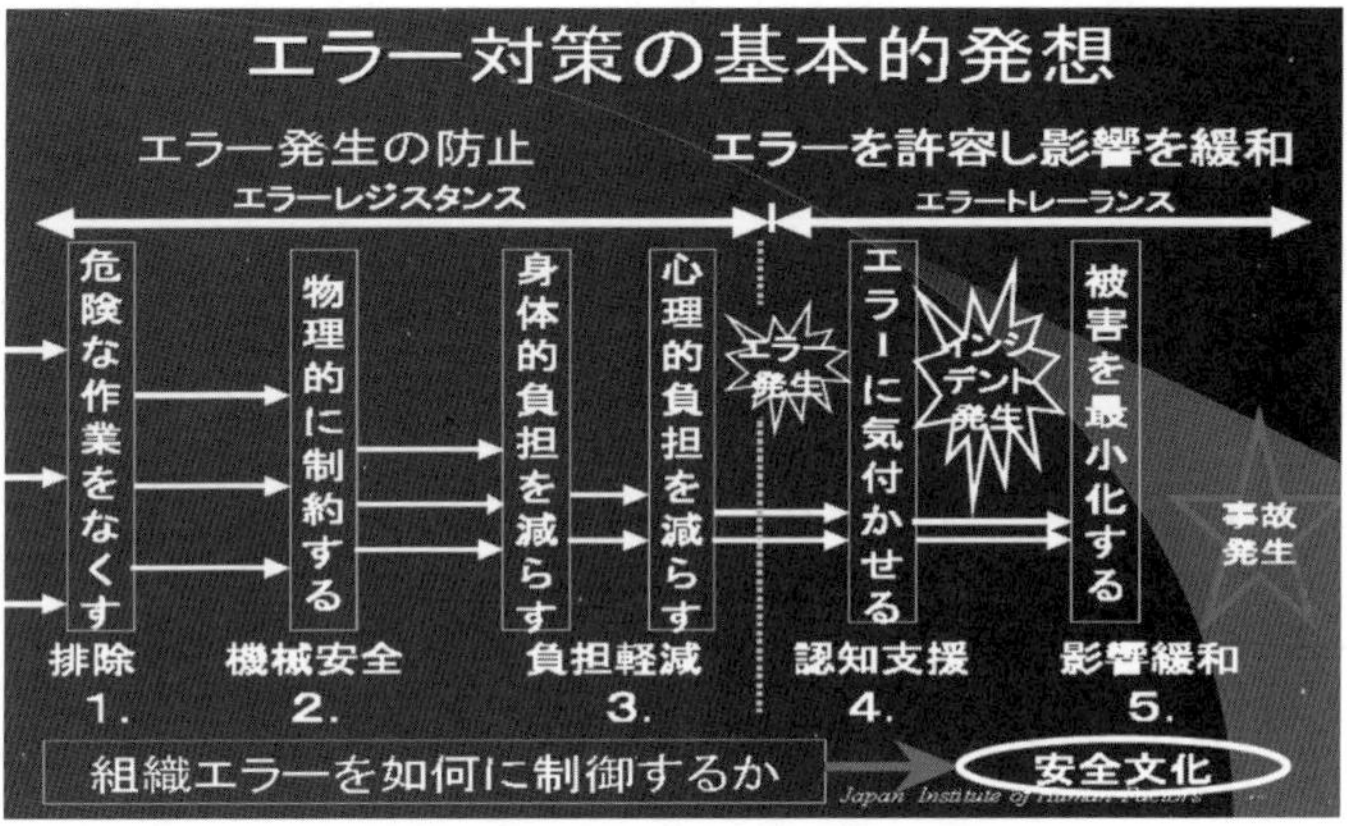

図 3-35　エラー対策の基本的発想

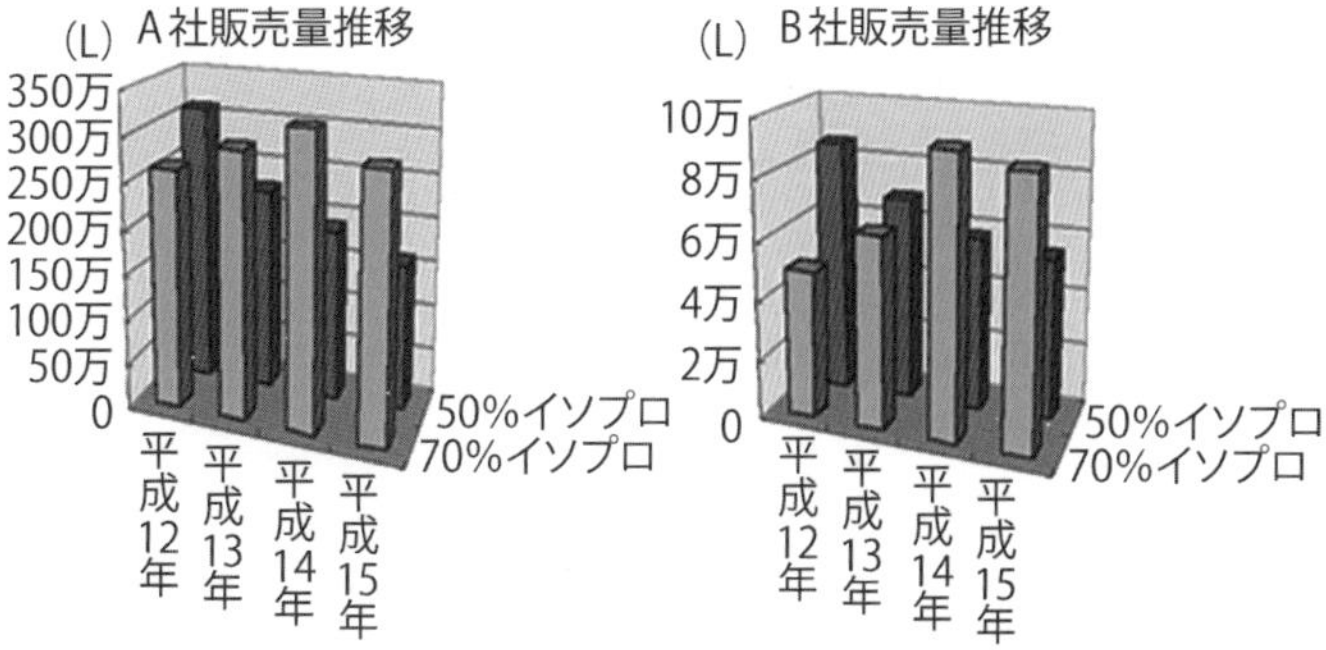

図 3-36　アルコールの販売量推移（A 社：大手、B 社：中堅）

しかし吸入毒性は、七〇％製剤＞五〇％製剤＞エタノールである。日本では、消毒用としてエタノールも採用されているが、酒税がかかり、イソプロパノールと比べると約三倍のコストアップとなる。そのため、一回使い切りの単包消毒用エタノール綿や、少量で容器入りの使い捨て消毒用エタノール綿が開発された。

② 注射器充填キット製剤

ヘパリン生食注射器充填キット製剤は、米国ですでに商品化されていたが、国内にはなく、第三事例班員提言、看護協会、病院薬剤師会からの要望もあり、二〇〇二年七月に商品化が実現した。

③ 閉鎖式輸液ライン

閉鎖式輸液ラインが最初に国内に導入されたのは一九九七年である。平成一一年度科学技術振興調整費緊急研究「院内感染防止に関する緊急研究」で閉鎖式輸液ラインの有用性が提言され、二〇〇二年までに販売メーカーは一社から六社へと増えた。

以上のように、感染予防を支援する商品のニーズの高さにより、医薬品・医材料メーカーによって開発と現場への普及が進んだ。

（2）エラー発生の防止策＝危険な作業をなくす

第一例の班員により、安易な点滴療法が指摘されている。安易な点滴療法を止め、口から食べられるように栄養サポートすれば感染リスクも低くなる。

二〇一〇年度診療報酬では、栄養サポートチーム加算が新設され、多職種からなるチームによる栄養サポートの取り組みが評価されるようになった。

(3) エラーを許容し影響を緩和＝エラーに気づかせる、被害を最小化する

セラチア菌は水回りなど身近な環境に存在する生活環境菌であり、弱毒菌であることから、それまで医療現場では院内感染の原因菌として考えられていなかった。その証拠として、初発事例の調査報告書のタイトルは「東京都不明疾患調査班報告書」となっている。

また院内感染の原因菌としてノーマークだったため、三例とも初動ミスが発生している。第一例では、発症時期に冷却塔の洗浄をしていたので、レジオネラ症を疑っていた。第二例では、血液培養からセラチア菌が検出されたが、感染症ではなく検体への細菌混入を疑っていた。第三例では、インフルエンザの流行時期だったので、インフルエンザを疑っていた。

この三度繰り返された院内感染事故により、セラチア菌は一般的には弱毒性であるが、抵抗力が落ちた人に感染すると病気を起こす、いわゆる日和見感染の原因菌の一つとして、やっと認識されるようになった。

(4) 解決（改善）する方策への誘導

① 国＝診療報酬という経済的インセンティブで、感染対策を誘導

一九九六年四月　院内感染防止対策加算が新設される
二〇〇二年四月　院内感染防止対策未実施減算。診療報酬を加算から未実施減算へ変更
二〇〇六年四月　感染対策の専門研修を受けた専従の配置の場合加算
二〇一〇年四月　感染防止対策加算について医療安全対策加算とは別の評価体系に
二〇一二年四月　感染防止対策地域連携加算が新設される。施設完結型から地域完結型へ

② 行政＝医療監視から立ち入り検査へ。支援体制の強化（医療法第二五条）

③ 大学、学会など

・医学教育の見直し

〔卒前教育〕高度医療でなく、日常医療で事故が多い。「卒後教育より卒前教育の充実を」。国家試験の内容を臨床に即したものに変えることにより、大学教育の充実を図る。

〔卒後教育〕一九九九年四月　ICD（感染管理医師）認定制度開始
二〇〇〇年四月　ICN（感染管理認定看護師）認定制度開始

・院内感染対策サーベイランス事業（http://www. spc-svr. jp/idsc/）

一九九九年四月一日から施行された「感染症の予防及び感染症の患者に対する医療に関する法律」（以下「感染症法」という）に基づき、感染症法に規定された疾患の患者が全国でどのくらい発生したのかを調査・集計。また、過去のデータとの比較なども提供している。

※第二事例の班長のコメント「国内にデータが存在しないので米国のデータを参照」
・病院医療評価（第三者評価）
一九九五年、病院医療評価機構設立。一九九七年から機能評価事業開始。
④　医療機関
自主点検チェックリストによる自主点検開始。マニュアル整備や弱点の把握につながった。
感染対策のリーダー養成＝ＩＣＤ（感染管理医師）、ＩＣＮ（感染管理認定看護師）の養成。

◆背後要因

石橋氏によると、「当事者エラー（Active Failure）は、オペレータが起こしたエラーで、小さいが指摘し易く、対策も打ち易い。「顕在エラー」である当事者エラーは誘発されている可能性がある。組織エラー（Latent Failure/Condition）は、当事者エラーを誘発し、エラーが事故に繋がるのを防御できなかった環境や背景を言う。潜在していて大きく、指摘し難く対策も打ち難い」と説明されている。

背後要因を考察する上で、以下の三点の疑問を抽出した。
・なぜ作り置きをしたのか？
・東京都が、どの病院でも同じ院内感染が起こりうると考え、医療現場での危機管理に関する再点検を指摘した報告書を作成し、全国に配布したのに、なぜ止まったのか？
・医療現場は、なぜ教訓が受け止められないのか？
一五三～一五四頁の具体的な場面の提示を参照しながら、背後要因の考察を試みたい。

（1）なぜ作り置きをしたのか？

この疑問の答えは業務量である。夜間帯の業務量を軽減する策として、日勤帯に作業の前倒し、すなわち作り置きを実施していた。看護業務を増大させた根本原因は在院日数の短縮であった。介護保険は二〇〇〇年から開始されたが、その二年前の一九九八年四月の診療報酬改定において、平均在院日数の短縮と長期入院の是正を図るために新たに一般病棟における六か月以上入院の場合の包括評価を新設した。従来の看護料における平均在院日数による縛りを強化した。

「平均在院日数の短縮は、看護現場に「あわただしい治療と回復の過程。病床が「高速回転」状況。時間と人手のかかる入・退院が常に発生」という大きな変化をもたらした。」と、社団法人日本看護協会は「働き続けられる職場づくりに向けて～看護職の健康と安全を守ることが患者の健康と安全を守る～」のなかで述べている。

また、濃沼氏らは一九九八年一一月の論文「在院日数の短縮が地域医療に及ぼす影響」のなかで、「医学の進歩で在院日数は確実に短縮します。平均在院日数三〇日が一五日となると、病床数はそれまでの半分で済む計算になります。平均在院日数が半減しても、病床を削減しないとすれば、病床を倍増したと同じことになります。すなわち、延べの入院患者が倍増するわけです。倍増した入院患者に職員数はそのままで対応するとすれば、仕事はきつくなり、事故のリスクも高くなります。」と指摘している。

(2) 東京都が、どの病院でも同じ院内感染が起こりうると考え、医療現場での危機管理に関する再点検を指摘した報告書を作成し、全国に配布したのに、なぜ止まったのか？

二〇〇〇年度から「地方分権の推進を図るための関係法律の整備等に関する法律」の施行により、医療法第二五条に基づく立入検査は、国の機関委任事務から都道府県などの固有の事務である自治事務となった。また取り締まり要素の強い「医療監視」から、現場への支援を強化する「立ち入り検査」へ法改正された。

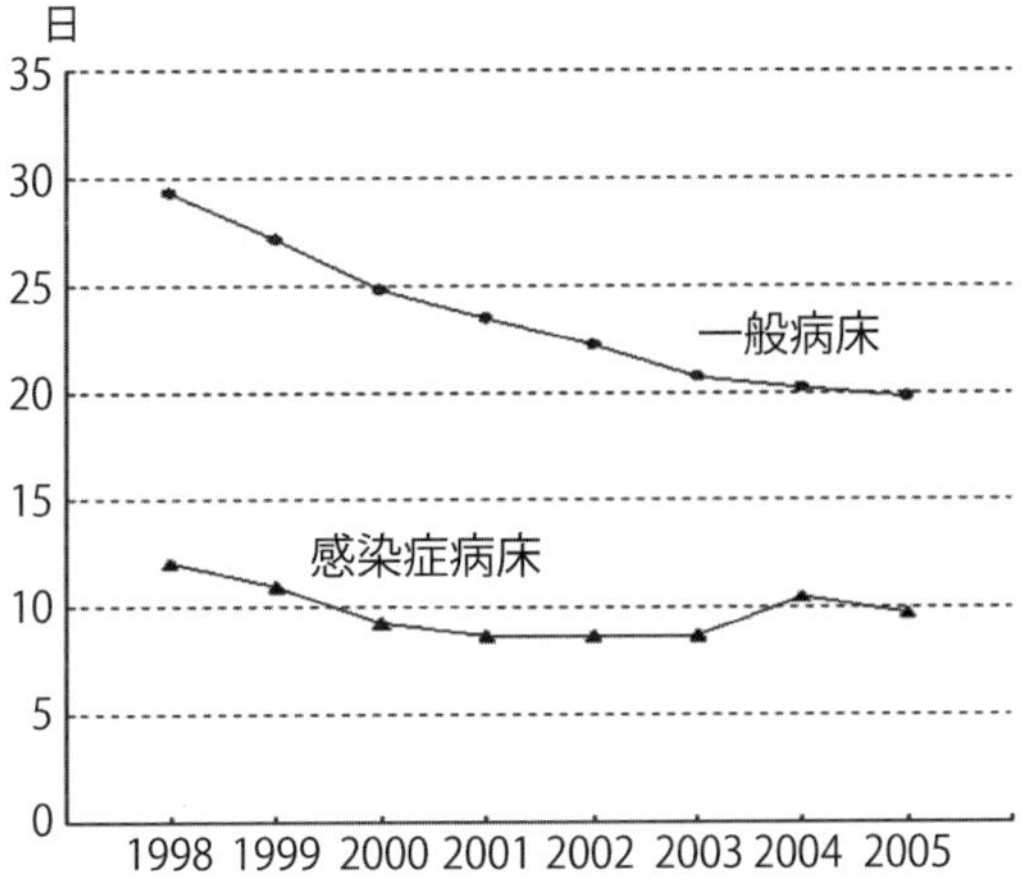

図3-37　厚生労働省2005年医療施設(静態・動態)調査・病院報告の概況

私は当時の状況を知るために、堺市保健所へ問い合わせを行った。

「立ち入り検査のチェックリストは一九九九年までは存在していない。二〇〇〇年から保健所が、六機関から一保健所体制へ移行することが決まっていた。当時の所長の発案で、六機関バラバラだったものを統一し、一元管理できるチェックリストとして作成した。」との回答だった。

せっかくの再点検の指摘が、配布先の道府県行政の机に保管されたまま、現場医療機関に届けられなかったのは、地方分権により責任の主体が国から地方自治体へ移管する時期であったことや、従来、「医療監視」として取り締まりを基本姿勢としていたので、結果として教訓を活かす「支援」にならなかったなどの理由が推察される。

(3) 医療現場は、なぜ教訓が受け止められないのか？

教訓を受け取る側の状況として、私の実践経験をまず紹介したい。

私がこの院内感染事故を知るのは、もちろん二例目である（事件発生は、Y乳業食中毒事件の翌日）。当時、私は病院に勤務し、院内感染対策委員会の事務局長の立場であった。患者さんから、「自分の病院は大丈夫なのか」という問い合わせが当院にも寄せられていた。病院より原稿依頼を受け、八月中旬頃、「尾張健康友の会ニュース」に投稿した（図3-38、3-39）。一方、医療現場にいる者には、新聞報道以上のことはわからないのが正直なところであった。とりあえず五〇％イソプロアルコールから七〇％イソプロアルコールへ変更するなど、表面的対応となっていた。事件の本質が理解できず、教訓を活かせない現状に危機感を感じていた。そのような状況のなか、九月六日のNHK「クローズアップ現代」で、二例目の院内感染事故についての詳細が報道された。コメンテーターとして出演していた東京都不明疾患調査班員の東邦大学医学部教授は、「国内報告第一例となった東京・S病院の教訓が伝わらず、医療現場に行き届かなかった」と指摘していた。know how から know why への糸口を得た思いだった。私は九月一一日、保健所へ「東京都不明疾患調査班報告書」について問い合わせ、資料請求を行ったが、報告書は

尾張健康友の会ニュース

2000年9月 NO. 149

おきてはいけない院内感染

病院では「手洗い」にご協力下さい。

―院内感染対策委員会のとりくみから―

千秋病院内における感染対策について院内感染委員会の川路明人薬局長にききました

院内感染対策委員会 川路 明人

院内感染と医療事故は、連日のように報道されています。

報道発表のたびに、千秋病院の院内感染対策委員会（以下「委員会」）では、その教訓を活かすために、今すぐにできることは何なのか検討を重ねているところです。

しかし残念なのは、（マスコミなどが）責任追及に止まり、徹底した原因究明がされていません。そのことが結果的に不安や不信を募らせているのではないでしょうか。

O―一五七の時もそうでしたが、患者を見つけこらしめる、人気ドラマの水戸黄門方式では、ダメなのです。二度と同じ過ちを繰り返さないために、徹底的に原因の究明を行い、業務を改善することが重要なのです。

これからちょっと専門的な話になりますが、よろしくお付き合いください。

医療従事者の手が媒体に

感染治療は、発病者に対するものです。感染予防対策とは、感染源からの感染経路の遮断を（二次感染の拡大を食い止める）することです。対象者は、患者さんと家族はもちろんのこと病院で従事している職員またその家族です。

感染経路に、接触感染があります。その媒体となるのが、医療従事者の"手"なのです。

院内感染対策の先進国である、イギリスの病院待合室には、目立つ場所に「Please wash your hands!」と掲示されているそうです。その意味は「手を洗って下さい」ではなく、「少なくとも手だけは洗って下さい！」という意味だそうです。つまり"感染対策の基本は手洗いである"と啓蒙しているのです。また手洗いキャンペーンをして、その期間の有病率をみると低下しているという報告もあります。

患者さんやご家族にもお願いしたいのが「手洗い」です

当委員会としても、「手洗いの励行」を最重要課題として取り上げています。啓蒙活動の一環として、院内のすべての洗面所に図のような「手洗い啓蒙シール」が貼って

図 3-38　尾張健康友の会ニュース

おきてはいけない院内感染　―院内感染対策委員会のとりくみから―

院内感染と医療事故は、連日のように報道されています。

報道発表のたびに、千秋病院の院内感染対策委員会（以下「委員会」）では、その教訓を活かすために、今すぐにできることは何なのか検討を重ねているところです。

しかし残念なのは、（マスコミなどが）責任追及に止まり、徹底した原因究明がされていません。そのことが結果的に不安や不信を募らせているのではないでしょうか。

O―157 の時もそうでしたが、悪者を見つけこらしめる、人気ドラマの水戸黄門方式では、ダメなのです。二度と同じ過ちを繰り返さないために、徹底的に原因の究明を行い、業務を改善することが重要なのです。

これからちょっと専門的な話になりますが、よろしくお付き合いください。

感染治療は、発病者に対するものです。感染予防対策とは、感染源からの感染経路の遮断を（二次感染の拡大を食い止める）することです。対象者は、患者さんと家族はもちろんのこと病院で従事している職員またその家族です。

感染経路に、接触感染があります。その媒体となるのが、医療従事者の“手”なのです。

院内感染対策の先進国である、イギリスの病院待合室には、目立つ場所に「Please wash your hands ！」と掲示されているそうです。その意味は「手を洗って下さい」ではなく、「少なくとも手だけは洗って下さい！」という意味だそうです。つまり“感染対策の基本は手洗いである”と啓蒙しているのです。また手洗いキャンペーンをして、その期間の有病率をみると低下しているという報告もあります。

当委員会としても、「手洗いの励行」を最重要課題として取り上げています。啓蒙活動の一環として、院内のすべての洗面所に図のような「手洗い啓蒙シール」が貼ってありますので、お気づきの方もいるかと思います。

細菌は、目に見えないし、どういう細菌なのか調べてもすぐにわかりません。

医療従事者の“手”は、院内感染の原因になると自覚し、しっかり手を洗う技術を身につけ、すべての患者さんに対し、医療行為の前には手洗いという習慣（技術）が大切です。しかし技術の習得が難しいのです。

医療機器などの消毒は、①消毒のまえの洗浄、②適切な消毒剤の選択、③充分な乾燥が重要です。また消毒剤の不適切な使用は、環境汚染になるので注意が必要です。

最後に一番心配なのは、過剰反応です。人間は、無菌環境で生活しているのではなく、むしろ細菌と共存しているのです。また保菌者に対する社会的偏見や差別にならないよう、医療従事者はもちろんのこと患者さん自身も正しい情報に基づく行動がもっとも重要です。

図 3-39　尾張健康友の会ニュースの内容

保健所になく、県庁から取り寄せるとの回答だった。まさしく、「教訓が伝わらず、医療現場に行き届かなかった」ことを自分自身の肌で実感した。

しかし自分一人の危機意識をいかにして院内感染対策委員会のメンバーと共有するかが最大の課題で悩んでいた。

聖書に「求めよ、さらば開かれん」との言葉があるが、家族で立ち寄ったマクドナルドで偶然にも手洗いのチラシに出会う。「安全も、おいしさのひとつ。」で始まり、一時間に一回の手洗いとアルコール消毒を実施しているという内容であった。

私は院内感染対策委員会の企画として立案し、現場取材を申し込み、二〇〇〇年九月二九日にマクドナルド見学が実現した。見学者は、私と栄養科長と看護部長が参加した。

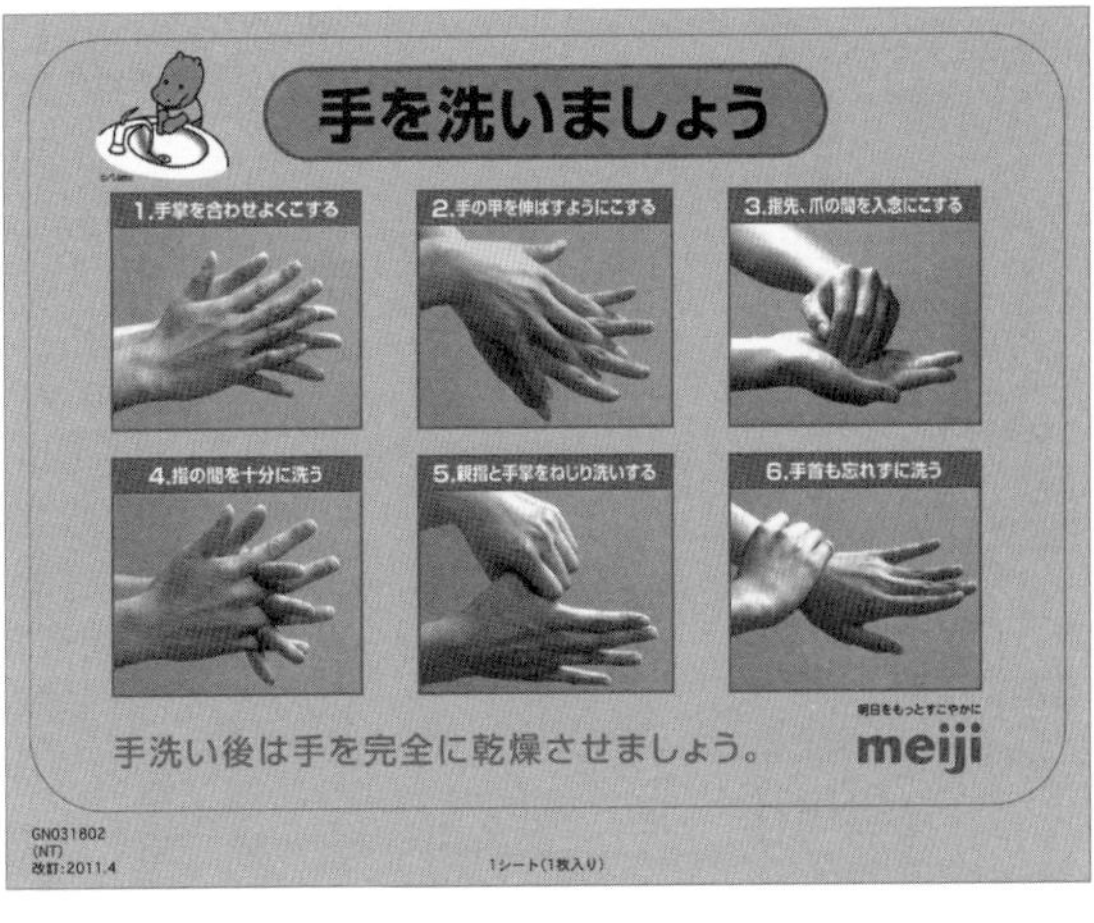

図 3-40 「手洗い啓蒙シール」2011.4 現在

一時間に一回の手洗いとアルコール消毒を実施するには、タイマーが利用されていた。アラームが鳴ったら、手洗いとアルコール消毒を行う。一時間に一回の実施確認は、アルコールポンプの使用回数を確認する。実施確認法は以下のとおりでマネージャーの仕事である。

① 当日のアルコールポンプ使用回数＝B－A
　前日業務終了時ポンプカウンター数（A）
　当日業務終了時ポンプカウンター数（B）

② 当日総労働時間（C）

③ 手洗い実施率の算出＝(B－A)÷C×一〇〇

実施率が一〇〇以上ならば、一時間に一回「手洗い」が実施されていることになる。医療現場へ単純に応用することはできないが、院内感染防止対策に単独で最も有効な手洗いを別視点で探求するよい機会となった。

さらに第二弾として二〇〇〇年一〇月二〇日にセラチア菌集団感染症二例目の大阪堺市のM病院への見学会も企画した。院内感染対策委員会のメンバー（私と臨床検査技師長と看護副部長）が訪問し、事故の教訓を現場関係者の方々から直接お聞きする貴重な機会を得た。「百聞は一見にしかず」とか「三現主義（現地・現物・現人）」という言葉が実感できた。

二〇〇八年六月に、三重県伊賀市の整形外科診療所で、点滴注射の作り置きが原因のセラチア菌集団感染が発生した。過去三度繰り返された大事故がすっかり忘れ去られたように、今回の事故は起きた。

安全文化育成の要件のなかに、安全活動に関する厳格な内部監査（自律の文化）が挙げられている。前述の「医療監視」として取り締まりに馴染んでいた医療機関には、自律の文化が根付いていなかった。そのため、「対岸の火事」と同様、自らの問題として捉える危機意識が希薄だったと考える。この「繰り返された院内感染事故」は、時代の大きな転換点を契機に、「潜在化」していたさまざまな問題を「顕在化」させ、産官学に大きく影響を与えた事故であったと考えられる。

〈参考文献〉

東京都衛生局「東京都不明疾患調査班報告書」（二〇〇〇）

堺市保健福祉局「セラチアによる院内感染事例報告書」（二〇〇〇）

世田谷区保健所「セラチア院内感染事故対策報告書」（二〇〇二）

「院内感染予防に関する立入検査実施結果について」（報告書）平成一四年度実施分 http://www. fukushihoken. metro. tokyo. jp/ian/shidou/kandl. html

石橋明「エラーを誘発する背後要因の探求へ—再発防止の視点—」日本人間工学会航空人間工学部会（二〇〇五）

濃沼信夫・伊藤道哉・東北大学大学院医学系研究科医療管理学教室「在院日数の短縮が地域医療に及ぼす影響」第一八回医療情報学連合大会18th JCMI（Nov. 1998）

8 日本の規制、海外の規制

◆安全衛生に関する法令の成立

日本における労働安全衛生法は一九七二年、いわゆる労働関係調整法（一九四六年）、労働基準法（一九四七年）、労働組合法（一九四九年）から二〇年以上経ってから成立した。この法律は「労働災害防止のための危害防止基準の確立」（第一条）に加え、責任体制・自主的活動の組織的活動の枠組みを定めたものである。一方で「消防法」「高圧ガス保安法」「毒物及び劇物取締法」「クレーン等安全規則」などの専門的な法令がある。これらは専門的見地から起こる可能性のある危害の要因を分析し、実際に災害が起こらないようにするための方策をルールとして文章にしたものである。一部の法律はすでに第二次世界大戦前からあったが、これらの法令は現在でも最新の知見を得ながら頻繁に改正がなされている。

◆専門的法令の成立と改正の経緯

多くの法令は過去の苦い経験が制定の動機となっている。

一九六八年に西日本を中心にＰＣＢ（ポリ塩化ビフェニール）の混入した食用油を摂取したため

に生じたカネミ油症事件が発生した。政府は一九七二年にPCBの製造・輸入・使用を原則として中止させる行政指導を行い、翌年の一九七三年には「化学物質の審査及び製造等の規制に関する法律」（化審法）が制定された。それまでPCBは「夢の物質」とまで言われ、変圧器、コンデンサー、蛍光灯の安定器などに広く使われてきた。それが現在では地球上からなくすべき物質とされ、「残留性有機汚染物質に関するストックホルム条約」によって二〇二八年までに地球上のすべてのPCBの処理を終えることとされている。化学物質による被害という苦い失敗を繰り返さないためにこのような法令が整備されていった。

アスベスト（石綿）もPCBと同様に「夢の物質」と呼ばれ、戦前から断熱材、防音材、電気の絶縁材料などに幅広く利用されてきた。しかし一九七〇年代になってその毒性（発癌性）が明らかになり社会問題となった。日本では一九七五年に吹き付けアスベストの使用が禁止された。現在アスベストは、直接業務に係わる労働者保護の観点から「労働安全衛生法」で作業環境における空気中の濃度、環境配慮の観点から「大気汚染防止法」で特定粉じんとして工場などからの排出基準、同じく環境への配慮から「廃棄物の処理及び清掃に関する法律」（廃掃法・廃棄物処理法）において特別管理産業廃棄物として廃棄物の処理方法が厳しく規制されている。

◆法令は有効に機能している

多くの安全衛生法令は過去の苦い教訓をもとに作られている。それらが実際に将来の危害回避・緩和に役立っている例を紹介しよう。

建築基準法は一九六八年の十勝沖地震を受けて一九七二年に改正がなされ、さらに一九七八年の宮城県沖地震の教訓から一九八一年に大改正がなされた。図3-41に一九九五年に発生した阪神・淡路大震災の際の神戸市中央区における建築物の被災状況（ただし調査区域を限定したサンプル調査）を建築年代別にまとめた。

中破以上の被害を受けた建物は一九七二年の改正前のものが五七・四%だったのに対し、改正後の基準に沿って建てられたものでは二二・四%に減少している。さらに一九八一年改正以降のものになると一四・〇%まで激減している。また、無被害の建物が一九七二年より前の建物がわずか七・九%であったの

		倒壊・崩壊	大破	中破	小破	軽微	無被害	総計
～1971年	件数 (累計%)	95 (16.7)	102 (34.7)	129 (57.4)	95 (74.1)	102 (92.1)	45 (7.9)	568 (100.0)
1972年～ 1981年	件数 (累計%)	10 (4.9)	14 (11.7)	22 (22.4)	42 (42.9)	66 (75.1)	51 (24.9)	205 (100.0)
1982年～	件数 (累計%)	5 (3.3)	8 (8.7)	8 (14.0)	17 (25.3)	58 (64.0)	54 (36.0)	150 (100.0)

図3-41　阪神・淡路大震災 神戸市中央区の調査区域における建物の建築年数と被害状況の集計

（「平成7年阪神・淡路大震災 建築震災調査委員会中間報告」のデータをもとに作成）

に対し、一九七二年から一九八一年までの建物は二四・九%、さらに一九八二年以降のものでは三六・〇%まで増加した。まだすべての建物が被害を免れ、建物被害による犠牲者をなくすという段階にはいたっていないが、これは法令による規制が国民の生命と財産を守ることに寄与した好例といえるだろう。

筆者も阪神・淡路大震災発生から約二か月後に被災地を調査する機会を得たが、一九八一年以降に建てられた新しい建物では窓ガラス一枚も割れていないのに、隣の古い民家が完全に倒壊した光景を見た。建築基準法が改正されたとき、関係者は当時としてはあまりに厳しくなる法律に愚痴をこぼしながらも対応してきた。対応の結果を目の当たりにしたとき、法規制の威力を実感した。

◆安全法令は労働者の血・汗・涙・怒りの結晶である

厚生労働省の統計によれば二〇一一年度、日本では一一万人あまりが労働災害で死傷し、うち千人あまりの尊い命が労働災害の犠牲になっている。安全に関する法令はこうした犠牲の上に成り立っているとも言える。

街の工事現場で移動式クレーン(クレーン車)が作業している姿を想像してみてほしい。もし、吊り荷の下に労働者が入り込んでいたら、もし別の作業者がクレーンの回転半径内に入ってしまったら、もし上で荷物を受け取る人が安全帯を着用していなかったら、もしクレーンの操縦者が免許を持たない素人であったら等々。もちろん、これらはすべて法令違反である。過去において、これらのことを誤ってしたために多くの事故が起きた。これらの決まり事は過去の事故の苦い教訓と反省のうえに成り立っている。

このような法令を遵守しない経営者、現場監督、作業者には罰則をもって厳しく守らせることができる。一方、法令の条文をよく読んで理解すれば、事故を防ぐ方策が示されているわけなので、事故回避に役立てることができる。法令は「お上のお達し」ではなく、労働者が血・汗・涙・怒りでつくってきた宝の山といえるだろう。

◆法令の限界―ノウハウ

筆者が工場勤務を始めた頃は、先輩からよく安全の躾を受けた。たとえば、「電気スイッチは右手で操作しろ」(漏電していても右手なら心臓を通らずに電気が地面に流れる)、「雨の日は配管を見上げるな」(酸・アルカリが漏れているかもしれない)、「たとえカバーがついていても機械の回転面に身を置くな」(回転中に破損が起きた場合、破片は回転軸と垂直方向に飛散する)である。現行の法律では、責任者の安全配慮(作業従事者に対する教育を含む)などとして包括的に述べることはあっても、作業者の一挙一動について細かく述べてはいないし、これからも述べられることはないだろう。法令は過去の失敗を繰り返さないために絶対に守らなければならないものだが、法令遵守だけでは安全確保はできない。法令にはならないようなノウハウは、職場のルールとして法令と同様に遵守し活用すべきものである。

◆法令を遵守していれば咎めを受けないか

安全の法令は過去の失敗をもとに制定・改正がなされているため、宿命的に不具合発生が法的規制に先立つ。「法の不遡及」の原則のため、法令ができるより前の不具合は刑事責任を問うことができない。しかし民事は別である。

一九七五年に吹き付けアスベストの使用が禁止されたことはすでに述べたが、これよりも前に使用されたアスベストで健康被害に遭った方の訴訟が続いている。

水俣病は一九五〇年代の初めに最初の症状が現れ、一九五六年に公式確認された。現在の「水質汚濁防止法」の前身となる「公共用水域の水質の保全に関する法律」（水質保全法）、「工場排水等の規制に関する法律」（工場排水規制法）が制定されたのは一九五八年のことであった。つまり水俣病の原因物質を排出した企業は排水基準という観点では何の違法行為も犯していなかった。しかしその後の悲劇と社会的批判は周知の通りである。

ＰＣＢ、アスベスト、フロンなどはかつて、いずれも合法的な物質で時代の寵児だった。法令以前の使用に関して遡及して法律上の責任を追及することはできないが、それによって生じた被害については法令の有無にかかわりなく、社会的責任を全うすることが求められる。また仮に被害が生じていなくても、これらの物質の廃棄処理の費用と手間は導入当時の想定をはるかに超えている。

これらの事例は、現在の法令を遵守しているだけでは将来の不具合が避けられず、企業の社会的責任を全うできない可能性があることを示している。

法令には書かれていなくても、科学的見地、社会的見地から企業行動の可否を判断する姿勢が大切である。

◆知らない法律は守れない

地方自治体によっては、県外から廃棄物を持ち込もうとする際には排出事業者が当局と事前協議をするよう条例を定めている。これを無視して「うっかり」県外から産業廃棄物を持ち込む例が後を絶たない。違反を犯した担当者は故意に条例を無視したのではなく、そのような条例があることを知らなかったケースがほとんどである。企業のコンプライアンスが叫ばれていても、肝心の守るべき法令を知らないのでは守りようがない。

環境の国際マネジメント規格であるISO14001には要求事項として次のように書かれている。

「組織の環境側面に関係して適用可能な法的要求事項及び組織が同意するその他の要求事項を特定し、参照する」さらにその「手順を確立し、実施し、維持すること」

つまり現在守るべき法令を列挙するだけでなく、列挙する手順まで定めることを要求している。目の前に守るべき一覧表があるだけでは法令の制定・改正に対応できない。誰がいつどこから法令の改正情報を得て、それが自組織に関係するか判断し、旧版の法令一覧表を修正し、その修正に承認を与えるかまで、あらかじめ決めておくことを要求している。こうすることによって法令の知識と力量を担当者個人に属人化することなく、組織の財産として守り育てていくことができる。

それでもひとつの組織だけでは対応に限界がある。このようなときにこそ、監査の機能を使って不備な点を指摘してもらうとよいだろう。

法的コンプライアンスが組織における行動の基本と見なされている昨今では、無視や怠惰で法令違反を犯す人はまずいないだろう。でも知らない法令は守りようがないのである。

◆外国の安全法令

国・地域の数だけ考え方と運用に違いがあり、海外の法令をひとまとめにして述べるのは危険である。ここでは、いくつかの側面を列挙する。

法令は労働者が血・汗・涙・怒りでつくってきた宝の山と述べたが、外国では必ずしも労働者視点からの論理で体系が組まれていない。米国の法令では圧力容器に関する規定は最低限のことだけが書かれており、詳細はむしろ個別事例ごとに保険会社との協議事項となっている。安全性を高めれば圧力容器の設置コストは高くつくが、それだけ事故が減ると予想されるので保険料も安くなる。つまりコストと保険料の優遇との妥協で設計基準が決まる。

一部の発展途上国では、先進国の法律をそのまま国の法律として定める傾向がある。しかし日本の省令や施行規則などに当たる文書が未整備であるため、どのようにして法の要求を実現するのかわからない。また国内事情に鑑み、どう見ても実現不可能であったり互いに矛盾する法律の記述があったりする。このような場合、現地のコンサルタントを利用することになる。

グローバル化の進展に伴い、ある地域で起きた事故・事件は短時間のうちに共有され、同様の法令が世界各国で制定されている。たとえ現時点でその国に関係法令がないとしても、制定されるのは時間の問題と見るべきである。マレーシアでは最近まで廃棄物の焼却施設がなく、すべて埋め立てて処分していた。そのためダイオキシンの問題が顕在化せず、ポリ塩化ビニル（PVC）の問題はあまり取り沙汰されていなかった。ごみ焼却プラントが稼働を始めたので、やがて社会問題になりかねない。

外国人だからといって現地の法令を甘くみるのは大きな間違いである。むしろ逆に外国企業を狙い打ちにした当局の調査・査察、そして理不尽な罰金などの要求がされやすいと考えるのが賢明である。外国人の眼にどんなに不合理に映ろうとも、法令は法令として遵守しなくてはならない。担当者（とくに邦人駐在員）の判断で法令を無視するのは絶対に避けねばならない。そのような場合は、JETROや地元の日本人商工会議所などの公的機関を通じて堂々と反論すべきである。従順に法令に従うだけがコンプライアンスとは限らない。不合理な点は正々堂々と反論して、その国の仕組みをより良いものにしていくのも広い意味でのコンプライアンスと言えるだろう。

◆おわりに

わが国において安全の法令は、労働者が血・汗・涙・怒りでつくってきた宝の山と考えられており、これが法令遵守の動機付けとなっている。しかし法令遵守は社会人としてなすべき最低限の行為であり、現行の法令遵守だけで事故・トラブルを防ぐことはできない。法令に書ききれない事柄がたくさんあり、そもそも安全の法令は基本的に事故・トラブルの再発防止のために制定され、まったく未知の事故・トラブルを予防するものではないからである。

法令以前の問題として、これから行おうとすることが「人として、社会人として為すべきかどうか」を判断の基準とする姿勢が重要である。

9 新規技術導入におけるゴーエラー

◆事件の概略

二〇〇二年八月、協和香料化学株式会社（以下、協和香料化学）という年商一七億円、従業員数六六名の中堅の香料会社が倒産した。原因は、香料への複数の未指定添加物の使用という法令（食品衛生法第一〇条）違反の発覚、および各食品会社との取引停止、そして当該香料を使用した商品の回収費用などの負債約一六億円を抱えたことであった。実際に香料を使用していた食品会社は数百社に及び、その謝罪と商品回収のお知らせが連日のように新聞紙面を飾り、回収費用を含めた被害総額は数百億とも言われた。

この事件は典型的な「コンプライアンス違反倒産」として知られており、各香料会社における使用原料の適法性確認強化につながった。また、知らなかったとはいえ未指定添加物入り香料を使った食品会社の責任を指摘する声も多くあり、食品業界全体に対してより高いコンプライアンスが求められる契機となった。

しかし、二〇〇二年当時、海外においては、この事件で問題となった未指定添加物はすべてその安全性が確認され使用されていた。二〇一二年現在、日本薬局方に収載されているひまし油を除きすべて指定され、日本においても合法的に使用が可能となっている。

これらの事実を踏まえて、技術導入におけるゴーエラーの視点で当時の経緯を整理し、事件の直接的な要因、さらにその背景にある間接的な要因を明らかにする。

◆用語などについて

経緯を整理するに当たり、事件に関する視点で簡単に用語などについて触れる。

食品添加物とは、食品の製造の過程や加工、保存の目的で使用する物である。厚生労働大臣が定める指定添加物のほか、例外的に長い食経験により使用が認められている既存添加物、天然の香気物質である天然香料、寒天などの一般飲食物添加物がある。

未指定添加物は、厚生労働大臣が定めていない食品添加物のことで、海外で認められている食品添加物であっても、日本で指定を受けない限りは未指定添加物になる。事件当時、報道などでは「無認可添加物」あるいは「違法添加物」などと呼ばれていた。

香料は、風味の補強や矯正を目的とした天然または合成の添加物とその製剤で、一般に微量でその効果を発揮する。食品の他、トイレタリー、タバコなどにも用いられている。多様な成分を含み、製品数も多く、他の香料の原料にもなる。

なお、日本に存在する香料会社は二〇一二年時点で海外会社の子会社を含め数百社、香料会社の規模は、日本最大の企業で売上高が約一一〇〇億円である。

◆事件経緯の整理

事件に関連する当時の報道や行政リリースを整理し、図3-42に時系列順に並べ直した。発生日時の詳細が不明な情報も多いため、流れの概略を把握するために三つの時間的区切りに分けている。

この表からは、以下のような点を読み取ることができる。

・協和香料化学の未指定添加物使用は、新規技術導入が発端であったこと
・数種類の使用開始および使用継続について、誤った判断を繰り返したこと
・健康被害は想定されず、回収に科学的な意味はなかったと考えられること

個々の報道ではコンプライアンス問題の側面が強調されているが、このように全体を通して見れば、価値のある新技術の開発とその導入における判断ミスの事例であることがわかる。

また、未指定添加物を使用して自社でも容易に代替できない香料を作りあげたこと、乳系香料に優れたメーカーという評価を得ていたことから、この技術は新規性の高いものであったことがわかる。

① 使用発覚まで（1970～2002年）

1970年　協和香料化学が未指定添加物（アセトアルデヒド）使用開始

「外国香料の模倣」

「異なる時期に複数の未指定添加物を使用開始」

「社内に原料の適法性チェック部署なし」

1972年　食品衛生法改正の国会付帯決議

食品添加物の使用は極力制限する

最高の科学的水準により常時点検を強化する

この頃、協和香料化学は乳系香料に優れたメーカーという評価を確立

1997年に担当者が、2000年には社長が違法性を認識

2001年頃、未指定添加物の切り替え開始

「全面的な即時切り替えは、風味的に顧客を失う」

「米国では認可」「微量なので問題ないと思った」

当時、新規物質申請の安全性データ取得には数年の期間と億単位の投資

認可後は他社も使用可能

② 使用発覚～倒産（2002年5月～8月）

5月20日　匿名の投書（内部告発？）を元に東京都が茨城県に調査依頼

5月21～28日　茨城県の調査によりアセトアルデヒド、プロピオンアルデヒド、ヒマシ油（後に2-メチルブチルアルデヒド、イソプロパノール）の一部香料への使用が発覚

5月30日　協和香料化学が自主回収開始

5月31日　茨城県が回収命令と安全性情報をリリース
各自治体も同様の措置を取った

6月4日　朝日新聞で食品会社の回収が記事に
協和香料化学社長記者会見

6月5日　協和香料化学お詫び広告

6月　食品会社各社連日の食品回収および謝罪広告

7月26日　未指定添加物の指定に関し、一定条件を満たすものを積極的に検討する案を厚労省が提出

8月29日　協和香料化学が自己破産を申請し破産宣告を受ける

他の複数の香料会社でも未指定添加物使用発覚

③ 倒産後（2002年9月～現在）

2002年9月　社長以下5名が書類送検（2003年1月略式起訴）

2005年4月　イソプロパノールが指定添加物に追加

2005年7月　食品安全基本法施行

2006年5月　アセトアルデヒドが指定添加物に追加

2010年5月　プロピオンアルデヒド、2-メチルブチルアルデヒドが指定添加物に追加

※ヒマシ油は医薬品なので食品添加物には指定されない

図 3-42　事件の経過と関連情報

◆分析の視点

この事件は、新技術導入における判断ミスから始まっている。イノベーションや新規性の高い技術導入の際に発生する判断ミスは、価値あるアイデアを採用しないドロップエラー（不採用）と、価値のないアイデアを採用してしまうゴーエラー（誤採用）がある（図3-43）。

イノベーションのアイデアは多くの場合、社会や組織にとって常識を超えているため、アイデアの価値を理解できずに採用しそこなうドロップエラーはつねに起こりうる。一方、投資ミスであるゴーエラーは組織への影響も大きく、極力避けるべきである。

協和香料化学の未指定添加物導入は三〇年以上利益向上に貢献したと考えられるが、最終的には倒産という結果に至った。これは法令という要因を正しく認識しなかったゴーエラー事例である。

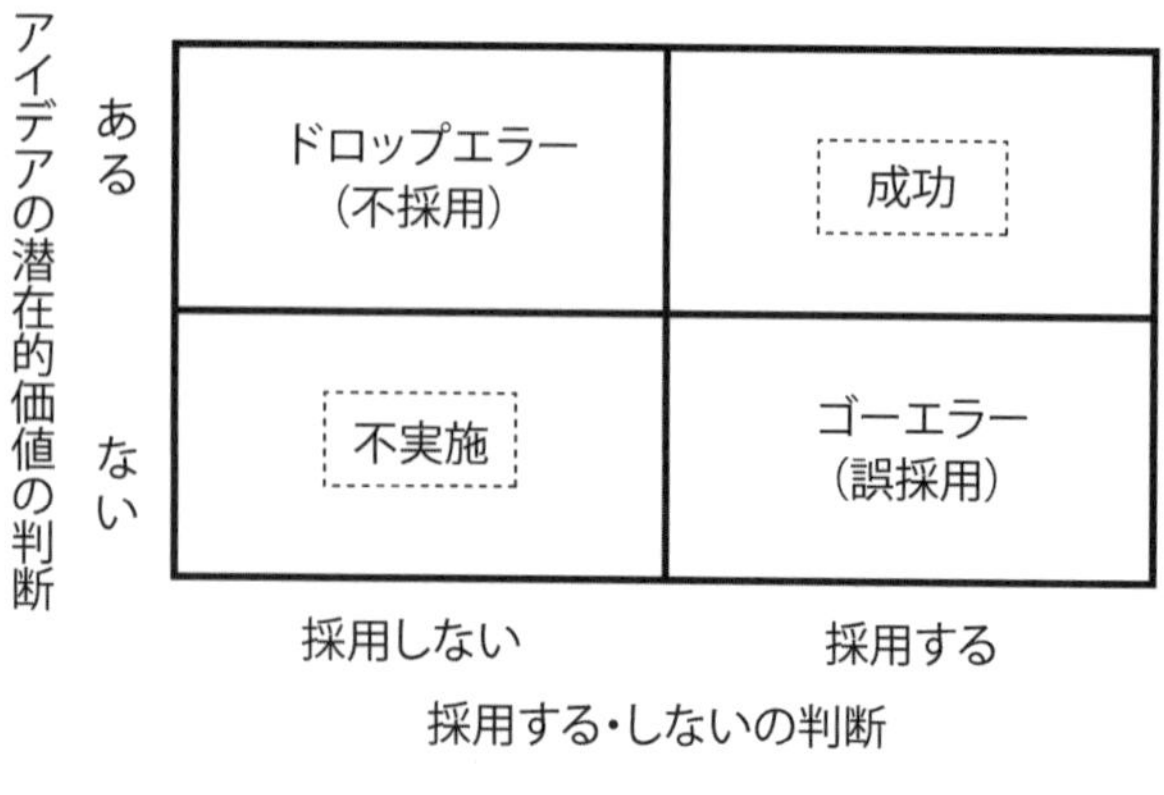

図3-43　ドロップエラーとゴーエラー

図3－43には「アイデアの潜在的価値の判断＝価値判断」と「採用する・しないの判断＝採用判断」の二つの判断があるが、実際の順番としては価値判断が先になる。そこで、事件を価値判断、採用判断の順にその詳細を見ることとする。

◆事件の分析

価値判断

この価値判断とは、導入を検討している技術の可能性を見るものであり、技術導入による利益とコストなどを含めた評価である。

一九七〇年に導入したアセトアルデヒドは、海外において豊富な使用実績があり、安全面についても十分検討され、日常的な食品にも多く含まれていることが知られていた。協和香料化学は未指定添加物の効果（＝価値）を十分予測して海外香料を模倣したと考えられる。

実際の効果については、二〇〇〇年頃の協和香料化学による未指定添加物を用いない代替香料開発が容易ではなかったという事実からも、これが高かったということは明らかである。また、法令違反については、問題の物質はそのほとんどが後に指定を受けており、法令違反＝将来にわたる産業的価値がないということではない。

このアセトアルデヒドの成功体験は未指定添加物に価値があるという判断を補強し、それ以降の未指定添加物の導入検討における価値判断に影響を与えたと推測される。

採用判断

前述した未指定添加物の価値は、採用判断にも影響を与えたと思われる。また、代替が難しいほどの効果は違法性を認識した時点での即時使用中止を躊躇させる要因となった。

通常、新技術の採用判断ではこれらの経済的な価値だけではなく、自社のリソースや従来ビジネスへの影響などの要因を考慮する。この事件における協和香料化学の問題は法を犯し倒産したことであり、違法行為に対するリスクの判断がどのように検討されたのかが重要である。

この採用判断は図3-44の「不安全行為」に当たる。

ここでは、未指定添加物を使用するとした判断に影響を与えた現場要因と、経営判断に影響したであろう当時の法制度および社会状況について述べる。

(1) 現場要因＝組織のコミュニケーション

担当者が未指定添加物の使用を知ったのは一九九七年、社長が認識したのが二〇〇〇年と報道されている。公益通報者保護法の施行（二〇〇八年）は事件の六年後であり、当時「内部告発」という言葉は一般的ではなく、それに相当する言葉は「密告」というイメージの悪いものであった。とはいえ、社員七〇名弱の企業規模を考えると、この情報伝達の遅さは異様であり、内部告発に至ったことも含め、何らかのコミュニケーション上の問題があったと考えられる。

また、香料会社が日本の未指定添加物を知らなかったということは考えられず、最初は輸入原料に混入していたなどの理由で見落としたとしても、五種類を別の時期に導入していることから、社内で気づいていた可能性が高い。つまり、社内のどこかにおいて、意図的な導入あるいは適法性確認忌避の認識があったものと推測される。

社内で違法性を認識した時点で即時対応を行わず、内部告発に至ったことは、協和香料化学のリスク管理に不備があったことを示している。

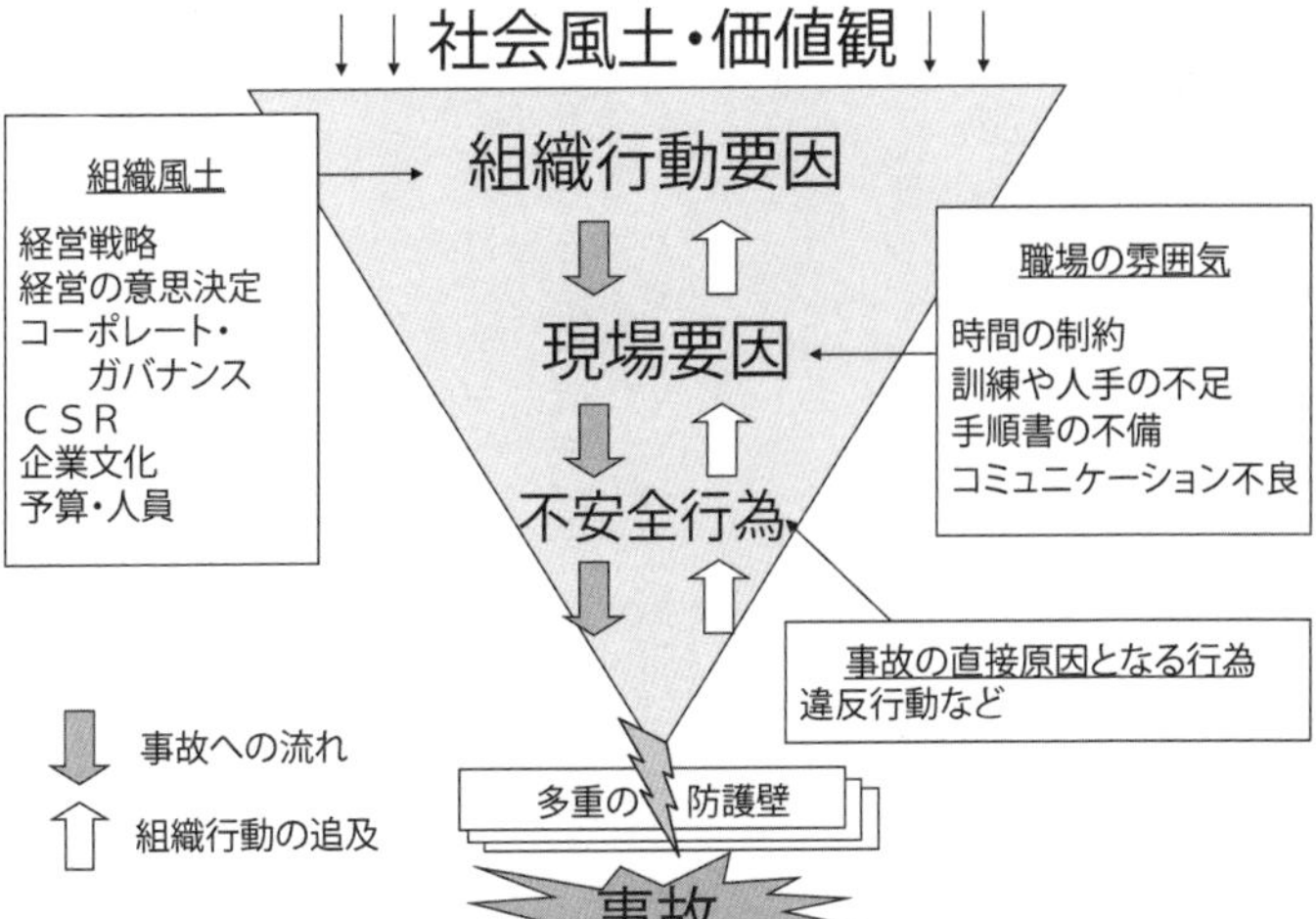

図 3-44　組織行動の視点

(2) 組織行動要因＝経営の意思決定と法制度

① 健康被害と回収

二〇一二年現在、協和香料化学が使用した未指定添加物五種のうち、医薬品であるひまし油以外の四種は指定され、合法的に使用できるようになっている。

これは当時の規制に科学的根拠がなかったことを示している。また、海外の安全評価や通常食品中の含有量を知る香料会社では、未指定添加物を使うことへの問題意識が薄かった可能性が考えられる。

実際、この事件においても、発覚後に厚生労働省と各自治体は未指定添加物が混入した食品の回収命令を出すと同時に、未指定添加物を含む食品を飲食しても健康被害は想定されないという情報を発信している。

② 法制度

当時海外で食品への使用が認められており、その後日本でも指定される添加物が未指定だった理由は、日本では新規食品添加物の指定が企業などの使用者からの申請に基づいて審査する仕組みであり、誰も申請しなかったからである。

日本の制度は、民間企業の自己負担で安全性を確認後に申請をさせ、指定した後は誰でも自由に使えるもので、自社予算での申請が同業他社を利する、先行者不利益のシステムである。

安全性確認の費用は約二億円という概算もあり、最大規模の企業でも一〇〇〇億円規模の売上である香料会社には荷が重い。

合法的な手段を取ることに制度的なデメリットがあるということは、非合法な手段を推奨していることと同義である。コンプライアンス教育やその徹底などは、何らかの目的があって違反しようとする個人や組織に対しては無力であり、そのような違反を誘発する＝コンプライアンス違反が利益に結びつく状況を排除することこそが重要である。

ちなみに、二〇〇二年七月二六日に、未指定添加物の指定に関し、一定条件を満たすものを積極的に検討する案を厚労省が提出した。一九七二年の国会付帯決議から見れば一八〇度の方針転換が厚労省の判断で可能になるのは興味深いが、良い方向に向かっていると考えられる。

（3）社会風土・価値観＝経営の意思決定と時代認識

当時の社長が、事件発覚の数年前に認識していたものの「米国で使われている」「微量のため問題ない」という感覚があったという発言は、「使っていることが外部に知られても影響は少ない」という判断ミスにつながる社会との認識のズレが窺える。そこで、協和香料化学の判断に影響を与えた社会との認識のズレを知るために、この事件の発端であるアセトアルデヒドの使用開始時期に焦点を当てる。

協和香料化学が創業した一九五七年から、最初の未指定添加物アセトアルデヒドが用いられた一九七〇年までは、テレビ、洗濯機、冷蔵庫が家庭の三種の神器と言われた日本の高度成長期（一九五五〜一九七二年）に当たる。食品に関しては、人口甘味料（チクロ、ズルチン、サッカリン）が発ガン性などの懸念から規制が厳しくなり、食品添加物が無条件に受け入れられていた時代ではなかった。ただ、この人口甘味料の問題自体が海外の研究情報に端を発して日本に波及したという経緯や、高度成長期という時代背景を考えると、科学というものに信頼が置かれていた時代と考えられる。欧米で安全性が確認され、果実や醸造酒などに普通に含まれているアセトアルデヒドを使うことに対して、企業がどれだけリスク―この場合は「コンプライアンス違反が問題視される確率と、倒産を含む営業上の影響」―を認識していたのかは疑問である。

無論、社会の価値観といったものを再現することは難しく、企業と社会の認識がどうズレていたのかを明らかにすることはできない。しかし、「科学の発展による幸福の追求」を前提としたダム建設の映画『黒部の太陽』が公開（一九六八年）され、通産大臣（当時）の田中角栄が「日本列島改造論」を発表（一九七二年）した時代と、現在の社会の価値観は異なると考えるのが当然であろう。

この「社会の価値観が時代と共に変化する」という点からは、時代と共にリスクが変わる、つまり、いったんリスク対策を構築してもつねにリスクの変化を想定し見直しをかける必要がある、という教訓が得られる。

協和香料化学の事件は、二〇〇〇年の大規模食中毒事件に始まる各種の異物混入報道、BSE、食肉偽装といった食に対する社会の大きな意識変化があったタイミングで発覚している。協和香料化学が二〇〇二年の社会をどう見ていたのかは不明だが、食に関する不正による倒産の現実性を十分認識し社内で共有していれば、多少の顧客離れを覚悟しても未指定添加物不使用の前倒しなどの対応がありえたと思われる。

◆最後に

現在の視点で協和香料化学が行ったことを簡単にまとめると、「安全な添加物で食品の風味を格段に向上させる香料を作る技術を開発したが、その添加物が未指定だったため香料を用いた食品も回収され倒産した」となる。組織としての判断ミスは、技術の価値判断ではなく、採用における判断ミスのゴーエラーであった。

そして、このゴーエラーを引き起こした大きな背景要因は二つある。

ひとつは、科学的な裏づけのない規制や先行者不利益を前提とした制度といった「整合性のないルール」の存在である。これは無用な違反を誘発し、不要な社会の負担を増やす。

もうひとつは、企業が関連法規や変化する社会の価値観に十分留意せず、違反を誘発する部分がないか、誘発されるとすればどういった問題か、を把握および予測していなかったことである。これが内部統制そしてリスク管理の機能不全を引き起こした。
　企業が新技術導入や新ビジネスに取り組む際にダメージの大きいゴーエラーを防ぐためには、このようなリスクにも留意する組織行動の視点が必要である。

〈参考文献〉

『化学物質を経営する―供給と管理の融合』化学工業日報社（二〇〇七）
芳賀繁『失敗のメカニズム―忘れ物から巨大事故まで』角川ソフィア文庫（二〇〇三）
「科学技術倫理研究」vol. 1（二〇〇三）（北海道大学ホームページ）
厚生労働省令第一二〇号（平成一八年五月一六日「官報第四三三七号」）
アセトアルデヒドを添加物として定めることに係る食品健康影響評価に関する審議結果（食品安全委員会ホームページ）
薬事・食品衛生審議会食品衛生分科会添加物部会平成一六年一〇月七日議事録（厚生労働省ホームページ）
平成一四年度　企業倒産調査年報の概要（長野県中小企業団体中央会ホームページ）

コーヒーブレーク　CRMの事業継続マネジメントシステムへの応用

事業継続マネジメントシステム（ＢＣＭＳ）とは、災害や組織事故などの危機発生下でも、組織の事業計画能力を維持、回復させるための仕組みを構築することです。システムに対する要求事項がＩＳＯ２２３０１：２０１２として国際規格化されています。

二〇〇七年の新潟中越沖地震に見舞われ、日本の主要産業である自動車業をはじめとする部品製造会社が被災したために、部品供給が困難となり、日本のものづくりのサプライチェーン（部品供給～製品出荷までの流れ）が回らなくなったことは記憶に残っていると思います。また、二〇一一年の東日本大震災では多くの企業が被災し、現在も東北地方を中心に復旧活動が続いている状況です。

これ以来、「備えあれば憂いなし」という観点で、ＢＣＭＳ構築に積極的に取り組む企業が増えているようです。

しかし、マネジメントシステム（運用の仕組み）制定や行動計画をマニュアル化しただけでは、いざというときに危機に直面した人々が期待した行動が取れるか難しいと思われます。組織的危機や災害は必ずしも想定したとおりに起こってくれないからです。

そこで、組織行動学で提唱しているＣＲＭ（Crew Resource Management）の出番です。

ＣＲＭをＢＣＭＳにおける危機発生時の組織行動訓練に応用することで、いざというときに、良好な組織チーム力を発揮することが期待できます。

ＣＲＭは航空機の機長をはじめとする乗組員（クルー）のチームワークを最大限に引き出し、安全を確保するために考えだされたもので、組織のチームワーク力を問題にします。

ＣＲＭ訓練は、チームを構成するそれぞれの人が気付きの心を持ち、自ら状況を把握し、自ら考え自発的に行動することができるように訓練することです。

これを危機対応時の訓練として繰り返し実施することで、危機に遭遇した場合においても想定外の領域を可能な限り最小とし、かつ、最善な結果を生み出すことが可能となるはずです。

私たち多業種交流組織行動学研究会は、ＣＲＭのＢＣＭＳへの応用などのように、多業種で得た経験や知識を業種を超えた新しい知恵に変える活動を通し、世の中に貢献していきたいと考えています。

第4章

今後の組織行動学研究の展開

これまでおよそ一〇年間にわたって、この多業種交流研究会では、失敗学で学んだ知見（畑村洋太郎二〇〇〇）に基づいて、失敗事例を組織行動の側面から分析し、同様事象の再発防止対策に活かす研究を展開してきた。文字どおり産業界の実に多くの業種で安全推進業務を担当し、永年活躍してきた実務経験者によって、「組織行動学」はその構造的基盤の基礎が構築されつつある。

これまでの古典的な「犯人探しの文化」における事故や不祥事への取り組みでは、視野狭窄に陥りがちで、起こった事象だけに目を奪われ、直近の関与者の行動を問題視して、それがなぜ起こったのかという原因と背後要因の探究には手が回らない傾向にあった。しかし、組織として運用するすべての生産活動は、個人の資質や努力のみで成り立っているのではなく、チームとしてあるいは組織としてコミュニケーションを行い、状況認識を維持して最適な意思決定を行っている。しかもそれを実践する場面では、すべてのメンバーが参画する「チームワーク」が必須の要件である。

したがって、失敗事例が発生した際に、関与した個人を犯人として特定して責任を追及するのではなく、チームや組織としての意思決定や行動の側面から振り返って、欠陥や問題点を究明して、そこに有効な対策を構築しなければならないことは明白である。

しかし、このような取り組みが進まなかった背景には、責任追及や業績評価などが障害となって潜んでいたことが考えられる。組織の問題として扱うのではなく、一個人の不注意や資質の問題として丸く収めることによって、責任を問われるとか業績評価が悪化する被害を受ける者を最少化する習慣が継続して来なかったであろうか。ここにも、失敗に対する責任追及の弊害が及んでいる。

そこで、ヒューマンファクターズの基本的概念の理解が必要になってくる。人間の能力とその限界を理解し、人であれば誰でも持っている基本的特性を理解することによって、「人は誰でも間違える」という基本原則に気づくことが可能となる。個人の能力の限界をカバーするためにチームや組織が果たすべき役割が明らかになってくる。つねに業務を安全に効率的に遂行するための組織的仕組みを構築し、継続的にそれを整備し続けなければならない。その結果として、現場力を高め、それを発揮することが可能となる。このような組織的取り組みのできる組織が、「高信頼性組織(High Reliability Organization：HRO)」として社会から評価されることになる。

近年、「安全文化」という概念が原子力分野から提唱され、産業分野で広く支持され、それを目指す活動が盛んに展開されるようになった。これは個人レベルの資質を論じているのではなく、組織の行動様式がつねに安全を意識して行動することが習慣となっている状態を目指している。組織全体が安全(あるいは品質)の重要性を十分に理解できていて、自然に安全行動となって現れる状態を目指している。組織の全員が安全を理解しているだけでなく習慣的に行動できる雰囲気が充満している状態を安全文化といっている。

このように考えると、失敗事象において組織がどのような行動を起こしたのか、意思決定プロセスはどのようになっていたのかを分析することは、極めて重要な手法であることがわかる。

組織行動学研究会では、過去の失敗事例を分析してその再発防止対策を構築する研究に加えて、何気なく見過ごされている日常の成功事例にも注目することにしている。日常の生産活動のなかでは、思わぬ環境の変化や人的エラーや機材の故障など、日頃は潜在しているリスクが突然目前に現れることがしばしば起こる。しかし、多くの場合はそれらを見事に処理し、望ましくない結果をことごとく回避して正常な運用を継続している。これは、それらの外乱に対処することに失敗して事故に至る稀な事例に比べて、極めて頻繁に体験している。しかし、成功事例として特別に取り上げてその経緯を調べて教訓を得る活動はなかなか展開できていない。

過去の失敗や欠点を是正して同様失敗の再発を防止する安全マネジメント手法は、これまで主流を占めてきたものの、事故事例が減少するにつれて、そこからだけ学んでいたのでは、将来直面するであろう危難に対する回避方法の備えまではとても手が回らない。そこで、事故発生を待つのではなく、成功事例から危難を回避する手立てを学ぼうという発想法が台頭しはじめている。レジリエンス・エンジニアリング論（北村正晴二〇一二）である。

失敗か成功かという結果だけに注目するのではなく、どのように対処したかという「プロセス」を重要視する手法である。その対処方法は、事態の変化や外乱の態様によって柔軟に選択する必要がある。意思決定手法でも、時間的余裕があって机上で十分な情報を基に意思決定する場合と、時間がひっ迫していてしかも環境条件が目まぐるしく変化する状況下での意思決定手法では、当然のことながら同一視することはできない。しかも、すべての状況を予測できない限り、万全のマニュアルを準備することは不可能である。

レジリエンス・エンジニアリング論でクローズアップされるのが「復元力」という概念である。リスクが目前に顕在化したときに、多少のダメージを受けても確実に復元して正常な状態を保つ能力に注目している。生産現場を体験してきた人であれば多かれ少なかれこの復元力の重要性を肌で感じてきたことと思われる。筆者は、航空機運航という三次元の運動を行う業務のなかでこの復元力の重要性をしばしば体験してきた。航空機の設計そのものが、機体に復元力を備えることが最大の課題である。それを運航する操縦者もまた、どのようなリスクが顕在化しても十分な復元力を発揮することが求められている。

具体的には、①事態への対処能力、②事象推移の監視能力、③変化傾向の予測、④それらの活動を通じた学習力、などを備えることによって、あらゆる態様のリスクの顕在化に対応可能な行動様式を確立する、という発想法である。

第1章で引用した「CRM訓練」では、まさに将来へ向けての危難を回避する能力を培うための訓練を行っている。過去の欠点を反省するのではなく、「あの場面ではこうすればもっと高いスキルを発揮できる」という態様の振り返りを行う訓練である（石橋二〇一〇）。これを「CRMの心」と表現しているが、レジリエンス・エンジニアリング論の発想に見事に重なる。

本研究会でも「CRMの心」には慣れ親しんできており、これまでにもCRMの視点で産業界の出来事を見つめてきた経緯もある。そこで、組織行動学研究会としては、今後ともCRMの視点も一つの分析手法の目として、事故や不祥事、企業の衰退など、世の出来事をフォローしていきたい。意思決定を含めた組織行動の視点から世の出来事を分析することによって、的を射た再発防止対策の構築と、顕在化したリスクからの復元力を発揮する術を導出していきたいと考えている。

本原稿の校正作業が始まった四月の定例研究会でも、「レジリエンス・エンジニアリング論の研究」（石橋二〇一三）という勉強会を開催して、すでにその方針に沿って動き出している。

◆おわりに

今回の出版は、NPO法人失敗学会組織行動分科会の分科会会員や組織行動に関する問題意識を共有している有志による「組織行動学研究会」として出版プロジェクトを結成し、日頃の研究成果を世に問う形でまとめた。

組織行動学に関しては時代とともに、失敗事例研究からの再発防止に留まらず、成功事例も含めて事象研究を始めている。事故、不祥事、事件、企業の衰退が起こらないような社会を目指し、計画的に月例研究会、合宿による討論、研究成果発表、見学会や執筆ならびに各分科会会員らの講演、講座の講師による研究成果の外部への発信活動を展開していく計画である。

今回の出版にあたり生産現場で活躍の方々で多忙のなか、休日や夜間に時間を割いていただいた執筆者に敬意を表するとともに、出版にあたりアドバイス、ご尽力をいただいた海文堂出版編集部の岩本登志雄氏に衷心から御礼を申し上げる。

組織行動学研究会 出版事務局
石橋　明
加藤　豊
大橋光三

〈参考文献〉

畑村洋太郎『失敗学のすすめ』講談社（二〇〇〇）
北村正晴監訳『レジリエンスエンジニアリング―概念と指針』日科技連出版社（二〇一二）
石橋明「原子力分野における安全意識向上のためのCRM概念に基づく訓練手法」日本原子力学会和文論文誌 Vol.9, No.4, p.384–395（二〇一〇）
石橋明・加藤豊「組織行動分科会活動報告」NPO失敗学会年次大会（二〇一二）
石橋明「レジリエンス・エンジニアリングの研究」組織行動学研究会（二〇一三）

■出版担当

石橋　　明
東北大学未来科学技術共同研究センター　工学博士
(株)安全マネジメント研究所所長　失敗学会組織行動分科会会長
元全日空機長　元JR西日本安全諮問委員　JAXA客員研究員

加藤　　豊
(株)ゆたか技術士事務所所長
技術士(総合監理部門・衛生工学部門部会長)
(株)安全マネジメント研究所客員研究員　失敗学会組織行動分科会幹事長
八光オートメーション(株)取締役　東京理科大学非常勤講師

大橋　光三
特許先行技術調査員
元電機会社(工業用プラント向け製品製造)技術、生産技術、品証、内部監査担当

■出版委員（五十音順）

天野　舞子（建築／システム）
綾部　豊樹（電機・通信）
石橋　　明（運輸・安全コンサルタント／(株)安全マネジメント研究所代表取締役）
宇於崎裕美（広報コンサルタント／(有)エンカツ社代表取締役社長）
大橋　光三（電機／元内部監査）
小澤　佳彦（教育・機械・情報／安全衛生）
加藤　　豊（建築環境コンサルタント／(株)ゆたか技術士事務所代表取締役）
川路　明人（医療／薬剤師）
近藤　哲生（情報・通信／組織マネジメントコンサルタント／(有)ウィンアンドウィン代表取締役）
高杉　和徳（電機／製品安全コンサルタント）
田辺　和光（食品）
二平　雄二（分析／品質保証）
茂木　　真（食品／商品開発）

ISBN978-4-303-73128-1
安全を支える組織力

2013年5月25日　初版発行　　©2013

著　者　多業種交流 組織行動学研究会　　検印省略
発行者　岡田節夫
発行所　海文堂出版株式会社
本社　東京都文京区水道2-5-4（〒112-0005）
電話 03(3815)3291(代)　FAX 03(3815)3953
http://www.kaibundo.jp/
支社　神戸市中央区元町通3-5-10（〒650-0022）
日本書籍出版協会会員・工学書協会会員・自然科学書協会会員

PRINTED IN JAPAN　　印刷　田口整版／製本　小野寺製本

図書案内

命を支える現場力
—安全･安心のために実務者ができること—

異業種交流 安全研究会 著
四六・184 頁・定価（本体 1,500 円＋税）
ISBN978-4-303-73130-4

平成 17 年の JR 西日本・福知山線脱線事故をきっかけに始まった、鉄道、航空、電力、医療などに携わる実務者と研究者、約 100 名からなる研究会のこれまでの成果をまとめた。専門書からは得られない、明日から現場でどうすればよいのかがわかる本。

ヒューマンエラーを理解する
—実務者のためのフィールドガイド—

シドニー・デッカー 著／小松原明哲・十亀 洋 監訳
A5・302 頁・定価（本体 3,300 円＋税）
ISBN978-4-303-72994-3

事故の最後の引き金を引いた人を処罰しても問題は解決できない。複雑で動的なシステムにおける安全の実現には、「ヒューマンエラーは結果である」という理解のもとでの対策が不可欠である。本書はそのためのガイドブックであり、テクニックではない「安全戦略」を求める実務者にとって、示唆に富んだ内容に満ちている。

ヒューマンファクターと事故防止

エリック・ホルナゲル 著／小松原明哲 監訳
A5・254 頁・定価（本体 3,300 円＋税）
ISBN978-4-303-72992-9

チーム事故や組織事故をはじめとして、複雑化したシステムのなかで発生する事故は、「誰かのヒューマンエラーが原因だ」というような単純な図式では理解できない。日常的なできごとの重なり、すなわち「共鳴」によるからである。本書は「効率ー安全トレードオフ（ETTO）の原理」「機能共鳴」「FRAM 分析」など新しい事故分析の考え方を解説し、安全性向上への新たな観点を与える。

表示価格は 2013 年 4 月現在のものです。
最新の情報はホームページ www.kaibundo.jp をご覧ください。